Lektürehilfen

Thomas Mann

Buddenbrooks

von Solvejg Müller

Klett Lerntraining

Dr. Solvejg Müller, Studiendirektorin mit den Fächern Deutsch, Philosophie und Psychologie an einem Weiterbildungskolleg in Nordrhein-Westfalen

Die Textzitate folgen der Ausgabe: Thomas Mann, Buddenbrooks. Verfall einer Familie. Roman (Taschenbuch). Fischer Taschenbuch Verlag, Frankfurt am Main, 1989.

9 783129 230589

Bibliografische Information der Deutschen Bibliothek
Die Deutsche Bibliothek verzeichnet diese Publikation in der Deutschen Nationalbibliografie; detaillierte bibliografische Daten sind im Internet über http://dnb.ddb.de abrufbar

Auflage 5. 4. 3. 2. | 2014 2013 2012 2011
Die letzten Zahlen bezeichnen jeweils die Auflage und das Jahr des Druckes.

Dieses Werk folgt der reformierten Rechtschreibung und Zeichensetzung. Ausnahmen bilden Texte, bei denen künstlerische, philologische oder lizenzrechtliche Gründe einer Änderung entgegenstehen.

Redaktion: Günter Maier
Umschlagfoto: Ullstein Bild GmbH (Philipp Kester), Berlin
Satz: DOPPELPUNKT, Stuttgart
Druck: Beltz Druckpartner GmbH & Co. KG, Hemsbach
Printed in Germany
ISBN: 978-3-12-923058-9

Inhalt

Wagners (Vortrag in München); ab 11. Februar: Emigration nach Holland, Südfrankreich, Schweiz

1934 Erste Reise in die USA

1935 Ehrendoktorwürde der Harvard University/USA, zusammen mit Albert Einstein

1936 Aberkennung der deutschen Staatsbürgerschaft und der Ehrendoktorwürde der Universität Bonn, tschechische Staatsbürgerschaft, *Freud und die Zukunft*

1938 Emigration in die USA, Gastprofessur in Princeton; *Richard Wagner und der Ring des Nibelungen*; *Schopenhauer*

1939 Ehrendoktorwürde der Princeton University; 1. September: Beginn des Zweiten Weltkriegs; *Bruder Hitler*; *Lotte in Weimar*

1940 Beginn der monatlichen Radiosendungen *Deutsche Hörer!* (über BBC nach Deutschland ausgestrahlt); bis Kriegsende

1942 Zerstörung des Elternhauses in Lübeck, des Vorbilds für das „Buddenbrook-Haus"

1943 Vollendung des Romans *Joseph und seine Brüder*; Zusammenarbeit mit dem Philosophen Theodor W. Adorno

1944 Amerikanische Staatsbürgerschaft

1945 8. Mai: Kapitulation Deutschlands; *Deutschland und die Deutschen*, *Warum ich nicht nach Deutschland zurückgehe*

1946 Lungenoperation in Chicago

1947 *Doktor Faustus. Das Leben des deutschen Tonsetzers Adrian Leverkühn, erzählt von einem Freunde* (Roman)

1948 *Nietzsches Philosophie im Lichte unserer Erfahrung*

1949 Tod des Bruders Victor, Selbstmord des Sohnes Klaus, Verleihung des Goethe-Preises in Frankfurt und in Weimar, Ehrenbürgerrecht in Weimar

1950 Tod des Bruders Heinrich in Santa Monica, Kalifornien

1951 *Der Erwählte* (Roman)

1952 Übersiedlung von USA in die Schweiz

1954 *Bekenntnisse des Hochstaplers Felix Krull* (Roman)

1955 Ehrenbürgerrecht von Lübeck, Tod: 12. August

Entstehungsgeschichte des Romans

Entstehung des Romans	
	➟ Frühe Erzählungen bereits mit 19 Jahren veröffentlicht. ➟ Anregung des Verlegers Samuel Fischer, einen Roman zu verfassen; erste Idee für den Titel: *Abwärts*. ➟ Plan, mit dem Bruder Heinrich zusammen einen Ulk-Roman über Lübecker Zustände zu schreiben. ➟ In Rom 1897 Beginn der Niederschrift; Aufgabe des Plans eines Gemeinschaftswerks mit dem Bruder; intensive Recherche über Verhältnisse in Lübeck. ➟ Der Roman gewinnt während der Produktion immer mehr an Umfang, im Jahre 1900 beendet. ➟ Trotz Bedenken des Verlegers aufgrund des Volumens Veröffentlichung 1901.

Literarische Manns

Thomas Mann stammt aus einem großbürgerlichen, gebildeten und künstlerischen Elternhaus. Auch sein vier Jahre älterer Bruder Heinrich schreibt, so erscheint z. B. 1905 sein populärster Roman *Professor Unrat*, eine beißende Satire auf die bürgerliche Scheinmoral, verfilmt mit Marlene Dietrich als *Der blaue Engel*. 1918 wird sein sozialkritischer Roman *Der Untertan*, der den autoritären Charakter entlarvt, veröffentlicht. Auch einige der sechs Kinder von Thomas Mann, Klaus und Erika, schreiben. Der Sohn Golo wird als Historiker bekannt.

Eltern von Thomas Mann

Der Vater Thomas Johann Heinrich Mann, Konsul der Niederlande und Steuersenator in der Hansestadt Lübeck, betreibt einen Getreidehandel. Die in Brasilien geborene, musikalische Mutter ist in Norddeutschland eine exotische Erscheinung. Das Paar hat fünf Kinder, Thomas und Heinrich fallen schon in der Schule auf.

Besuch einer Privatschule und des Gymnasiums

Entsprechend seiner Herkunft besucht der Knabe Thomas Mann zunächst eine Privatschule und dann ein altehrwürdiges Gymnasium in Lübeck. Muss nicht jemand, dem mit 25 Jahren ein solches Meisterwerk wie die *Buddenbrooks* gelungen ist, ein guter Schüler gewesen sein? Mitnichten – hier bestätigt sich wohl das Klischee, dass ein genialer Mensch in der Schule keine Ausdrucksmöglichkeit findet. Gleichwohl hat Thomas Mann schon in der Schule bei der Herausgabe der literarischen Schü-

Landschaftszimmer der Familie Mann, © The Associated Press GmbH (Heribert Proepper), Frankfurt am Main

lerzeitschrift *Frühlingssturm* mitgewirkt. Der Vater will zunächst, dass die beiden ältesten Söhne Kaufmann werden, um eines Tages die Firma zu leiten. Doch bald sieht er ein, dass dies nicht der richtige Weg für Thomas und Heinrich sein könne. In seinem Testament verfügt er, dass nach seinem Tod die Firma verkauft werden solle und die Kinder eine Rente vom Erlös beziehen sollten. Der Vater stirbt sehr früh, Thomas ist gerade 16 Jahre alt. Ein Jahr später zieht die Mutter mit den jüngeren Kindern nach München. Thomas bleibt zweimal sitzen, mit knapp 19 Jahren verlässt er 1894 das Gymnasium mit einem Abschluss, der der heutigen Fachoberschulreife entspricht. In den *Buddenbrooks* wird der junge Autor die Schule als preußische Drillanstalt karikieren.

Mit knapp 19 Jahren Abgang von der Schule

Nach einer kurzen Zeit als Volontär bei einer Feuerversicherungsanstalt und nach dem Besuch geisteswissenschaftlicher Vorlesungen an der Technischen Universität München sucht Thomas Mann, mit der Rente seines Va-

Erste literarische Versuche

ters ausgestattet, nach künstlerischen Wegen. Mit 19 Jahren hat er schon seine erste Erzählung *Gefallen*, die er heimlich während seiner Arbeitszeit bei der Versicherung geschrieben hat, veröffentlicht. Während des Studiums veröffentlicht er Essays und Literaturkritiken in einer Kulturzeitschrift, die sein Bruder Heinrich herausgibt. Mit der Erzählung *Der kleine Herr Friedemann*, die 1898 im Samuel Fischer Verlag erscheint, gelingt Thomas der künstlerische Durchbruch.

Entstehung in Italien

Die jungen Brüder halten sich von 1896 bis 1898 – mit Unterbrechungen – in Italien, in Rom und in der 40 km entfernten kleinen Stadt Palestrina, auf. Es zieht sie in das Land der Kunst, der Freiheit, der Boheme. In dieser Zeit, fernab von Lübeck, entsteht der Roman *Buddenbrooks*. Ursprünglich sollte der Roman den Titel *Abwärts* tragen, um die Fallbewegung der angesehenen Familie Buddenbrook über vier Generationen zu verdeutlichen. Thomas Mann ist gerade 25 Jahre alt, als er den Roman veröffentlicht. Drei Jahre hat er daran geschrieben, die meisten Kapitel sind in Italien entstanden. Der Ort der Handlung ist jedoch sehr stark an seine Heimatstadt Lübeck angelehnt, obwohl im ganzen Roman der Ortsname „Lübeck" nicht erwähnt wird.

Erste Idee für den Titel: *Abwärts*

Idee eines vierstufigen Verfallsprozesses

Schon im Mai 1895 skizziert Thomas Mann in einem Brief an den Schulfreund Grauthoff die Idee eines vierstufigen Verfallsprozesses vom Geschäftsmann zum Musiker:

Freude an der Degeneration

> Das nennt man Degeneration. Aber ich finde es verteufelt nett (Koopmann: Thomas-Mann-Handbuch, S. 363).

Thomas Mann, von Richard Wagners Opern-Tetralogie *Ring des Nibelungen* beeinflusst, hat von Wagner die Idee zur Darstellung einer vierstufigen Generationsfolge. Doch soll der Roman längst nicht so schwer werden, mit seinem Bruder Heinrich zusammen plant er zunächst in Italien einen *Gipper-Roman*. Gippern bedeutet in der Geheimsprache der Brüder etwas zu verulken und insbesondere Spießbürgerliches bloßzustellen. Doch aus dem Ulk wird innerhalb von drei Jahren das große Werk *Buddenbrooks*. Thomas Mann hat sich nicht nur mit Wagner, sondern auch mit Nietzsches und Schopenhauers Philo-

Plan eines Ulk-Romans

sophie auseinandergesetzt, hat sowohl die russischen Romanklassiker von Tolstoi, Gontscharow und Turgenjew als auch die französischen von Stendhal und den Brüdern Goncourt gelesen, und so wird der geplante kleine Roman immer komplexer und umfangreicher. Heinrich schreibt an einem eigenen Buch. Thomas entdeckt 1897 den Stoff für seinen Roman. Die Aufforderung seines Verlegers Samuel Fischer hat ihn dazu bewegt, die ursprünglich geplante *Knabennovelle*, die eine „Geschichte des sensitiven Spätlings Hanno" (Selbstkommentare S. 67) sein sollte, wie Thomas Mann später berichtet, zu einem Roman mit ca. 250 Seiten und fünfzehn Kapiteln auszuweiten. Am 20. August 1897 schreibt er seinem Schulfreund:

Anregung zu einem Roman durch den Verleger

> Das Neueste ist, daß ich einen Roman vorbereite, einen großen Roman – was sagst du dazu? Fischer, der sich von meiner Produktion ein kleines Geschäft zu versprechen scheint, sprach mir in seinen Briefen wiederholt den Wunsch aus, ein größeres, zusammenhängendes Prosawerk zu verlegen; auch könne er ein solches Buch weit besser honorieren, als den Novellenband. Ich selbst hatte eigentlich bislang nicht geglaubt, daß ich jemals die Courage zu einem solchen Unternehmen finden würde (Thomas Mann: Selbstkommentare, S. 7).

Vorbereitungen zu den *Buddenbrooks*

Thomas Mann entwickelt Handlungspläne, Daten- und Personenlisten sowie Stammbäume. Er schreibt nach Lübeck, insbesondere an die Tante Elisabeth, die ihn mit viel Wissen über die einzelnen Mitglieder der Familie Mann ausstattet. Die Mutter schickt ein Kochrezept. Aus anderen Briefen erfährt der nun 22-Jährige wirtschaftsgeschichtliche und politische Fakten der Stadt Lübeck. An seinen Onkel, den Konsul Marty, schickt er einen Bogen mit Fragen. Später, nach dem großen Erfolg der *Buddenbrooks*, wird dem Autor vorgeworfen, einen Schlüsselroman verfasst zu haben – etliche Lübecker sind beleidigt, finden sich nicht immer geschmeichelt in den Personen des Romans wieder. Eines der zentralen Themen, die Polarität von Erschlaffung und Bummelei auf der einen und Durchhalten und Leistung auf der anderen Seite, erfährt der Italienbesucher am eigenen Leibe. Doch Thomas Mann arbeitet, schreibt selbsterzieherisch gegen eigene Tendenzen der Erschlaffung an. In seiner Rede *Lübeck als geistige Lebensform* erinnert sich 1926 der Autor:

Die Arbeit schwoll mir unter den Händen auf; alles nahm ungeheuer viel mehr Raum (und Zeit) in Anspruch, als ich mir hätte träumen lassen (Thomas Mann: Selbstkommentare, S. 67).

Mann setzt sich gegen den Verleger durch, der wegen des Umfangs keine Verkaufschancen sieht

Im August 1900 schickt Thomas Mann das handschriftliche Manuskript an den Fischer Verlag. Doch der Verleger Samuel Fischer ist anfangs wenig von dem Volumen des Romans angetan. Er fürchtet, ein solch umfangreiches Werk nicht verkaufen zu können, und verlangt eine Kürzung. Doch der junge Autor verweigert sich dieser Forderung. Der Roman erscheint im Oktober 1901 ungekürzt in zwei Bänden. Die anfänglich geringen Verkaufszahlen scheinen dem Verleger recht zu geben. Erst als Fischer die *Buddenbrooks* in einem einzigen Band veröffentlicht, beginnt der Welterfolg des Romans.

Leben, Leiden, Dekadenz – Literatur der Jahrhundertwende

Entstehung des Werks im Kontext der Epoche des Fin de siècle	
	→ Das neue Jahrhundert (ab 1900) erzeugt bei vielen Intellektuellen eine Untergangsstimmung. → Die Dominanz von Technik und Kapitalismus wird oft als seelenlos bewertet. → Der Künstler muss zur kritischen Reflexion außerhalb des Getriebes stehen. → Krankheit, Überfeinerung, Dekadenz, Dandytum dienen zur Symbolisierung des Außenseiterstatus des Künstlers. → Krankheit und Verfall sind ebenso Themen der Literatur. → *Buddenbrooks* ist geprägt vom *Fin de siècle*.

Verfall als Motiv der Literatur um 1900

Fin de siècle

Der Untertitel der *Buddenbrooks* lautet *Verfall einer Familie*. Verfall, Untergangsstimmung und Degeneration prägen zu einem großen Teil die Literatur um 1900. Der Beginn des 20. Jahrhunderts wird von vielen Intellektuellen nicht als Aufbruch gesehen, und so wird auch der Begriff *Fin de siècle* (Ende des Jahrhunderts), der das Beenden beinhaltet, zur Charakterisierung dieser Epoche verwendet.

Als Thomas Mann zu schreiben beginnt, findet er unterschiedliche literarische Strömungen vor. In seinem Elternhaus wurde abends aus den Romanen Fontanes vorgelesen, die zum poetischen Realismus gezählt werden. Die Werke des Naturalismus (ca. 1880–1890, Vertreter: Arno Holz, Gerhart Hauptmann), die detailliert und mit sozialkritischer Tendenz Milieus der so genannten kleinen Leute darstellen, fordern mehrere literarische Gegenpositionen heraus, z. B. Symbolismus (Baudelaire, Verlaine, Stefan George, Hugo von Hofmannsthal), Impressionismus, Neuklassizismus, Neuromantik, Jugendstil und Vitalismus.

Vielfalt der literarischen Stile um 1900

Die französischen Symbolisten haben die Schlagworte *décadence* und *fin de siècle* geprägt. Technischer Fortschritt, Entwicklung der Großstadt und ein als seelenlos empfundener Kapitalismus werden von einem großen Teil der Kulturschaffenden pessimistisch bewertet, es herrscht Endzeitstimmung. Entsprechend versteht sich der Künstler als jemand, der nicht mitten im Getriebe steht, sondern distanziert und kritisch das Leben analysiert. Verfall, Krankheit, nervöse Überfeinerung werden zum Thema in der europäischen Kunst, so z. B. in den Dramen von Ibsen, Strindberg und Hugo von Hofmannsthal. Der Künstler kann sich gerade durch seine Kunst von dem von ihm wahrgenommenen Verfallsprozess befreien.

Dekadenz

Künstler analysiert kritisch und distanziert

Künstler befreit sich durch die Kunst vom Verfallsprozess

> Der Künstler war zwar auch in den Sog der Zivilisation hineingeraten, aber er sah schärfer hin als andere. In den Verfallsprozeß einbezogen war er insofern, als für ihn Nervosität, Labilität, eine gewisse Haltlosigkeit charakteristisch wurden (...) Der Künstler war reizbar, sah die Welt aus der Distanz des Erkennenden, und die Kritik, die er an der Gesellschaft übte, lähmte und schwächte ihn; er war zur Tat nicht mehr fähig, verabscheute den Radikalismus (nach Helmut Koopmann: Thomas Mann *Buddenbrooks*, S. 10 ff.).

Der Künstler entwickelt eine eigene Welt der Vorstellungen, ein autonomes Reich der Kunst, frei von den üblichen Moralvorstellungen. Dandytum und ein Hang zum Morbiden sind häufig ein Teil dieser Einstellung. Doch die Sympathie mit Verfall und Auflösung weist auf das hin, was verfällt und sich auflöst: auf das Leben. Die-

Autonomie der Kunst

Dandy als Künstlertypus

Leben als zentrale Kategorie

se zentrale Kategorie der Lebensphilosophie des 19. Jahrhunderts wird kombiniert mit biologischen Erkenntnissen und Darwins Evolutionstheorie, dass der Stärkere sich durchsetze und das Leben ein Prozess sei.

Thomas Mann lässt sich keiner literarischen Strömung zuordnen

Thomas Manns Roman vom *Verfall einer Familie* ist geprägt vom Gedankengut des *Fin de siècle*. Doch aufgrund seiner Komplexität lässt er sich in keine der literarischen Strömungen exakt einordnen. Auch der Autor verwahrt sich ein halbes Jahrhundert nach der Entstehung des Romans dagegen. In *Meine Zeit* berichtet er vom um die Jahrhundertwende aufkommenden Zweifel der Jugend an scheinbar unerschütterlichen Lebensgrundlagen. Moralkritik, Ästhetizismus und die Thematik des Verfalls lagen in der Luft:

> ...und was das über Europa hingehende Schlagwort ´Fin de Siècle` nun immer meinen mochte, Neu-Katholizismus, Satanismus, das geistige Verbrechen, die mürbe Überlieferung des Nervenrausches, – auf jeden Fall war es eine Formel des Ausklangs, die allzu modische und etwas geckenhafte Formel für das Gefühl des Endes, des Endes eines Zeitalters, des bürgerlichen.
> Wenn ich zurückdenke – ich war nie modisch, habe nie das makabre Narrenkleid des Fin de Siècle getragen, nie den Ehrgeiz gekannt, literarisch (...) auf der Höhe des Tages zu sein, nie einer Schule (...) angehört, die gerade obenauf war (Thomas Mann: Selbstkommentare, S. 122).

Romanhandlung

Wer? Wann? Wo? Was?

Wer ist wer in der Familie Buddenbrook?

Die fettgedruckten Namen werden im Folgenden zur Bezeichnung dieser Personen verwendet.

Zentrale Figuren der Familie

1. **Johann** Buddenbrook **der Ältere** (1765–1842), erbt die Getreidefirma von seinem Vater.
2. Aus der ersten Ehe von Johann dem Älteren stammt der Sohn **Gotthold** (1796–1856).
3. Der Sohn von Johann dem Älteren aus der zweiten Ehe heißt ebenfalls **Johann**, wird aber im Roman meist familiär **Jean** und der Konsul genannt. Er lebt von ca. 1800–1855, wird Konsul der Niederlande und heiratet Elisabeth Kröger (im Roman meist **Bethsy** genannt).
4. Dieses Paar – Johann und Bethsy – hat vier Kinder, von denen drei zu den zentralen Gestalten des Romans gehören:
   a) **Thomas** (1826–1875), oft **Tom** genannt, erst Konsul, dann Senator, Heirat mit **Gerda** Arnoldsen aus Amsterdam
   b) **Antonie** (geb. 1827), fast immer **Tony** genannt, zweimal verheiratet und zweimal geschieden (die Gatten: **Bendix Grünlich** und **Alois Permaneder**); mit Grünlich hat sie eine Tochter **Erika**, die den Versicherungsbeamten Weinschenk heiratet. Aus dieser Ehe stammt Tonys Enkelin Elisabeth.
   c) **Christian** (geb. 1828), späte Heirat mit Aline Puvogel
   d) **Clara** (1838–1864), Heirat mit dem lettischen Priester Tiburtius
5. Johann, nur **Hanno** genannt (1861–1877), ist der Sohn von Thomas und Gerda.

Die Buddenbrooks

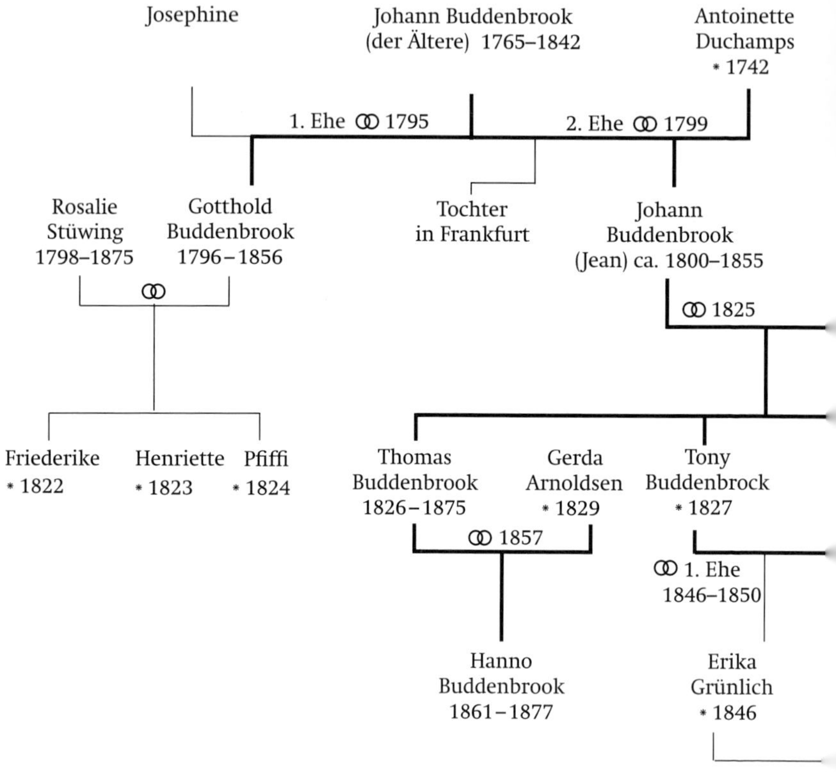

Verwandtschaftslinien der Hauptpersonen

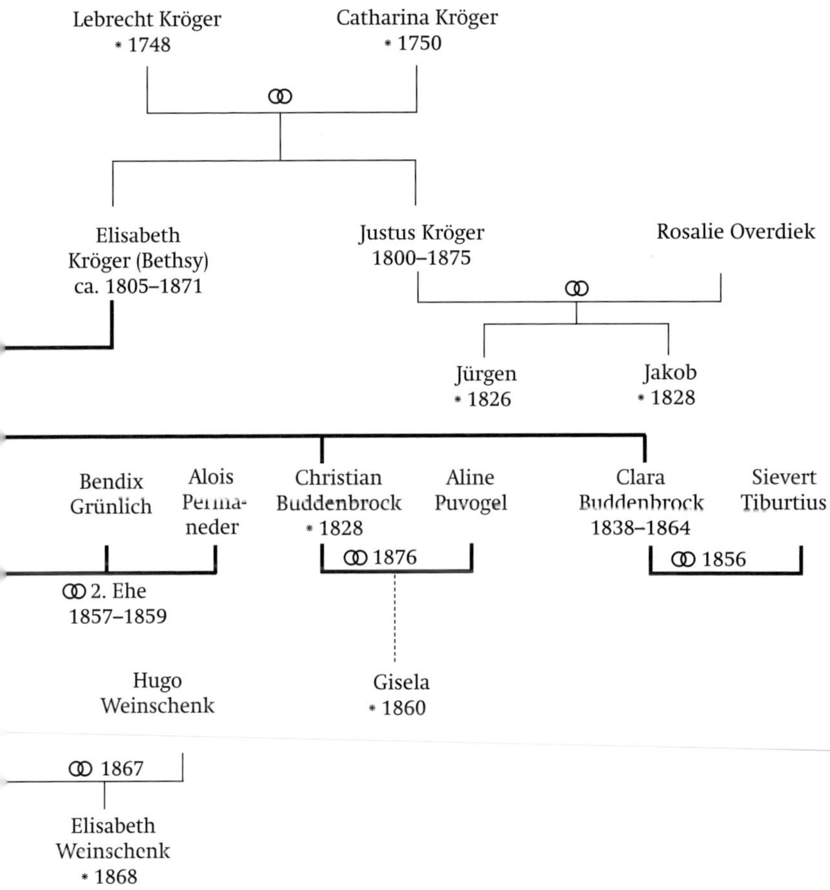
Lebrecht Kröger
* 1748
Catharina Kröger
* 1750
Elisabeth Kröger (Bethsy)
ca. 1805–1871
Justus Kröger
1800–1875
Rosalie Overdiek
Jürgen
* 1826
Jakob
* 1828
Bendix Grünlich
Alois Permaneder
⚭ 2. Ehe
1857–1859
Hugo Weinschenk
⚭ 1867
Elisabeth Weinschenk
* 1868
Christian Buddenbrock
* 1828
Aline Puvogel
⚭ 1876
Gisela
* 1860
Clara Buddenbrock
1838–1864
Sievert Tiburtius
⚭ 1856

Vorfahren der Buddenbrooks: Handwerker und Bürger aus dem Mecklenburgischen

Der Begründer der Getreidefirma, Johann Buddenbrook, stammt aus dem Mecklenburgischen, aus einer Familie von Handwerkern und Bürgern. Der Wirkungskreis der Firma erstreckt sich bis nach Skandinavien und England, nach Brabant und Mitteldeutschland.

Wo spielt sich das Geschehen ab?

Das nicht genannte Lübeck

Geographisch gibt es nur zwei Schauplätze. Der größte Teil der Handlung ist in Thomas Manns Heimatstadt Lübeck angesiedelt. Zwar wird der Ortsname an keiner Stelle des Werks genannt, doch weisen alle beschriebenen Örtlichkeiten auf diese Stadt hin. Travemünde an der Ostsee, nicht weit von Lübeck entfernt, ist der zweite Schauplatz. Lübeck ist als „Freie und Hansestadt" von 1806 fast durchgehend bis 1937 selbstständig. Vor der Reichsgründung 1871 war es Mitglied des Deutschen Bundes, aber auch danach galt für die Stadt eine Sonderregelung bis 1937; sie war zwar an das Deutsche Reich angeschlossen, hatte aber einen hohen Grad an Autonomie. Dieser Sonderstatus erklärt, warum im Roman Senatoren und Konsule eine Rolle spielen. Der Senat ist der Rat der Stadt. Thomas wird Senator; Jean und Thomas sind jeweils Konsule der Niederlande. Andere Orte werden über Briefe und Erzählungen einbezogen, so z. B. München, Hamburg, Amsterdam, London, Chile.

Sonderstatus der Hansestadt Lübeck

Wohnhäuser entsprechen dem jeweiligen Status der Familie

Innerhalb Lübecks bezieht die Familie unterschiedliche Häuser, die ihrem jeweiligen Status entsprechen:

1. Zu Beginn des Romans: Einzug in das neue Haus an der Mengstraße, Besitzer: Johann der Ältere, Verkauf nach dem Tod der Konsulin.
2. Kauf eines neuen Hauses an der Fischergrube, Verkauf nach dem Tod von Thomas.
3. Tony zieht mit Tochter und Enkelin in eine Etagenwohnung.
4. Christian wird in eine psychiatrische Anstalt eingewiesen.
5. Der Kauf einer kleinen Villa für Gerda nach dem Tod von Thomas wird nach einigen Monaten rückgängig gemacht, da sie nach Amsterdam zurückkehrt.

Das soziale Milieu der Familie Buddenbrook ist das Patriziertum. Sie gehört also zur durch Handel reich gewordenen Oberschicht der Stadt. Durch Jean und insbesondere durch den Senator Thomas hat die Familie auch politischen Einfluss in der Stadt.

Wann spielt sich das Geschehen ab?

Der *Verfall einer Familie* erstreckt sich über einen Zeitraum von 42 Jahren, von 1835–1877. In Rückblicken werden Details der Familiengeschichte aus davor liegenden Zeitspannen bekannt, z.B. durch Erzählungen und das Familienbuch. So erfahren wir, dass die Firma Buddenbrook bereits 1768 gegründet wurde. Zahlreiche Zeitangaben erleichtern die Lektüre des Romans. Einige wenige historische Ereignisse werden erwähnt wie z.B. die Revolution 1848.

Zeitspanne der Romanhandlung, erzählte Zeit

Grobüberblick über die Handlung

Johann der Ältere, der Urgroßvater Hannos, hat durch seinen Getreidehandel den Grundstein zum Reichtum und zum gesellschaftlichen Ansehen der Familie gelegt. Die nachfolgenden Erben – Jean, Thomas und Christian – sind zu kränklich, zu dekadent, um die Firma und den Besitzstand wahren zu können. Thomas hatte bereits testamentarisch verfügt, dass die Firma nach seinem Tod aufgelöst wird. Hanno, der Sohn von Thomas, stirbt früh mit sechzehn Jahren. Damit ist die männliche Erbfolge beendet. Die Generation der Geschwister Thomas, Tony und Christian sowie Hannos Leben und Leiden werden am ausführlichsten dargestellt. Je sensibler sie sind und je mehr Interesse an Musik die einzelnen Söhne haben, umso schwächer sind sie. Sie sind somit immer weniger in der Lage, den Bestand der Firma zu sichern. Zurück bleiben weibliche Buddenbrooks, z.B. Tony und Thomas' Frau.

Generationenfolge

Durch Hannos Tod Ende der männlichen Linie der Buddenbrooks

Detaillierte Handlung des Romans

Romaneinteilung in 11 Teile mit Unterkapiteln

Dieser inhaltliche Überblick orientiert sich an der Einteilung des Romans durch Thomas Mann, ist also ebenso in elf Teile mit einer jeweils unterschiedlichen Anzahl an Unterkapiteln gegliedert.

Teil I: Ein Tag im Oktober 1835

Teil I: Einweihung des neuen Hauses	➞ Familienfeier zur Einweihung des neues Hauses an der Mengstraße. ➞ Einführung zentraler Personen: Johann Buddenbrook der Ältere; Johann Buddenbrook (Jean) mit Elisabeth, geb. Kröger, seit 10 Jahren verheiratet; drei Kinder: Thomas (9 Jahre alt), Tony (8 J.), Christian (7 J.). ➞ Erste Charakterunterschiede zwischen den Brüdern: Thomas: ernst und gefällig; Christian: schauspielerisch begabt, überspannt, kränklich. ➞ Eitelkeit der Schwester Tony. ➞ Erbstreitigkeiten mit dem Stiefbruder Gotthold.

Warten auf die Gäste

I, 1: Etliche Mitglieder der Familie Buddenbrook und damit zentrale Handlungspersonen des Romans werden vorgestellt, während sie auf die Gäste warten, z. B.

- der alte Johann Buddenbrook, der seine achtjährige Enkelin Antonie/Tony den Katechismus abfragt und sich dabei amüsiert,
- dessen Sohn, Konsul Jean Buddenbrook und Gattin,
- deren zu Scherzen aufgelegte achtjährige Tochter Antonie/Tony,
- die standesbewusste Mamsell Ida Jungmann.

Eintreffen der Gäste aus der oberen Gesellschaft

I, 2: Die Gäste erscheinen, Vertreter der Oberschicht, häufig samt Gattinnen, und die zwei Söhne des Konsuls Jean Buddenbrook, Thomas, dem bereits eine Zukunft als Kaufmann prophezeit wird, und der eher nervöse und künstlerisch veranlagte Christian. Zu den Gästen zählen u. a. Poet Hoffstede, Arzt Dr. Grabow, Makler und Kunstkenner Grätjens, Pastor Wunderlich, Senator Dr. Langhans und die Schwiegereltern von Konsul Buddenbrook, das elegante Ehepaar Kröger. Die Türen des Speisesaals öffnen sich.

I, 3: Bevor das Essen beginnt, sucht der Konsul seine Mutter unter vier Augen auf, denn es ist an diesem Tag ein Brief seines Stiefbruders Gotthold eingetroffen. Gotthold, der nicht eingeladen ist, weil der alte Johannes Buddenbrook ihn aufgrund einer nicht standesgemäßen Heirat und schlechter Geschäftspolitik verachtet, möchte über seinen bisher schon ausgezahlten Erbteil hinaus eine Entschädigungssumme für seinen Anteil am neuen Haus. Der Konsul sieht sich hier im Konflikt zwischen geschäftlichen Interessen, die es verbieten, Gotthold mehr Geld zu geben, und persönlichen, christlichen Motiven. Er will das alte Familienoberhaupt bitten, Gottholds Anspruch nachzugeben.

Forderungen von Gotthold

I, 4: Während des üppigen Essens wird die Geschichte des gerade bezogenen Hauses erzählt, das vor ca. 150 Jahren im Jahre 1682 vom Besitzer der Firma Ratenkamp & Kompanie erbaut worden ist. Da in den letzten zwanzig Jahren diese Firma sich vermutlich ohne Wissen des Chefs verspekuliert hatte, musste die Familie Ratenkamp das Haus verkaufen. Pastor Wunderlich erzählt eine Anekdote aus der Zeit der napoleonischen Besatzung der Stadt, in der er einmal der alten Madame Buddenbrook in einer Auseinandersetzung mit dem französischen Militär zu Hilfe kam.

Geschichte des Hauses an der Mengstraße

I, 5: Schweres Essen wird weiter aufgetischt. In Erzählungen über Napoleon und bei dem an das Essen sich anschließenden Gang durch den verwilderten Garten werden die Unterschiede zwischen dem alten Johann Buddenbrook und seinem Sohn Jean Buddenbrook deutlich. Der Ältere verehrt Napoleon und lehnt den ungezähmten Garten ab, der Jüngere plädiert für die praktischen Ideale des Bürgerkönigs Louis Philippe und fühlt sich in dem frei sich entfaltenden Garten wohl.

Unterschiede zwischen Johann dem Älteren und seinem Sohn Jean

I, 6: Es ist Zeit für den Nachtisch. Etliche Reden werden gehalten, so wünscht z. B. Pastor Wunderlich der Familie alles Gute im neuen Heim. Der Poet Hoffstede trägt ein Gedicht vor.

Reden auf das neue Heim

Erste Zeichen von Christians Hypochondrie

I, 7: Während die allgemeine Heiterkeit ihren Gipfel erreicht, klagt Christian, einer der beiden Söhne des Konsuls, über Übelkeit. Dr. Grabow empfiehlt für ein bis zwei Tage eine strenge Diät, so wie er es immer tut, wenn zu viel des schweren Essens genossen wird.

Jean befürwortet den Zollverein, der der Erweiterung seiner Geschäfte dienlich ist

I, 8: Die Herren ziehen sich zum Billardspiel zurück. Nach der Führung durch das Haus und – trotz Hundewetters – durch den Garten diskutiert man über den Zollverein, dessen Beitritt der Konsul befürwortet, um seine Geschäfte erweitern zu können. Die ernste Debatte wird durch schlüpfrige Verse aufgelöst, die der Poet und der Pastor darbieten.

Giebelspruch

I, 9: Gegen elf Uhr abends brechen die Gäste auf. Es regnet und stürmt immer noch. Der Konsul liest, nachdem er draußen die Gäste verabschiedet hat, den Spruch auf dem Giebel seines Hauses – „Dominus providebit" (Der Herr wird vorsorgen) – und begibt sich auf den Weg zu dem alten Johann Buddenbrook, um ihn über den Brief von Gotthold zu unterrichten.

Ablehnung der Forderung Gottholds aus ökonomischen Gründen

I, 10: Im Gespräch zwischen Johann und seinem Sohn Jean über die Forderungen Gottholds lehnt der Ältere die Forderungen Gottholds nach seinem Anteil an dem Haus ab. Jean ist aus christlichen Beweggründen dadurch bedrückt, doch siegt in ihm der Geschäftsmann, der nur finanzielle Nachteile für seine Firma sieht, wenn er Gottholds Ansprüchen nachgebe. Man geht zu Bett. Der Herbstwind pfeift immer noch.

Teil II: April 1838 – 1842

Teil II: Wechsel der Generationen	➞ Anlässlich der Geburt des vierten Kindes, der Tochter Clara, trägt der Vater Johann der Jüngere (Jean) seinen Dank in das Familienbuch ein. ➞ Durch Johanns Nachlesen im Familienbuch erfährt der Leser die Geschichte der Familie und der Firma. ➞ Anfang des Jahres 1842 stirbt das alte Paar Buddenbrook nach 46 Ehejahren. Jean, also Johann der Jüngere, übernimmt die Firma. ➞ Thomas wird mit 16 Jahren Lehrling in der Firma. ➞ Tony muss in das Internat zu Sesemi Weichbrodt.

II, 1: Mitte April, um neun Uhr morgens, schreibt der Konsul einen Dank an Gott in das Familienbuch. Anlass ist die Geburt der Tochter Clara. Beim Blättern in diesem Buch erinnert sich der Konsul an mehrere Situationen seines Lebens wie Krankheit und Unfall. Auch für die Rettung aus diesen Todesgefahren dankt er Gott. Dann bilanziert er seine Ehen. Den Eheverhältnissen von Vater Johann ähneln seine Beziehungen. Sowohl Vater als auch Sohn haben jeweils die erste, frühverstorbene Frau geliebt; die zweite – also für den Konsul jetzt Elisabeth (Bethsy), deren Mitgift die Firma unterstützt – wird jeweils respektiert. Die erste Frau des alten Johann ist bei der Geburt von Gotthold gestorben, so hat Gotthold schon früh den Hass der Familie auf sich gezogen. Beim weiteren Durchblättern des Familienbuchs wird die Geschichte der Buddenbrooks samt ihrer Krankheiten vom Ende des 16. Jahrhunderts an aufgerollt. Erst der Großvater des Konsuls kam in die Stadt und gründete dort einen Getreidehandel. Nach dieser Exkursion in die Vergangenheit betrachtet Jean das Neugeborene und geht mit dessen Geschwistern in die Kirche.

Geburt von Clara

Parallelen in den Eheverhältnissen von Johann und Jean

II, 2: Im Frühsommer diesen Jahres fällt Tonys mangelhaftes Benehmen in der Schule auf. Tony ist munter, launenhaft „wie eine kleine Königin“ (64), macht sich über andere Menschen lustig. In die Schule geht sie mit Julchen, der Nachbarstochter aus der neu zugezogenen Familie Hagenström. Der Konsul hat eine Antipathie gegen den schlauen Vater Julchens, weil dieser ihm geschäftliche und politische Positionen streitig macht. Der Konflikt der Väter spiegelt sich in der Beziehung der Töchter. Als Hermann, der Sohn Hagenströms, vergeblich versucht, die zwölfjährige Tony zu küssen, verteidigt Julchen ihren Bruder.

Launen Tonys

Konkurrenz: Familie Hagenström

II, 3: Thomas und Christian, die Söhne des Konsuls, werden charakterisiert. Der kluge Thomas, der ein realwissenschaftliches Gymnasium besucht, gilt als zum Inhaber der Firma bestimmt. Christian dagegen ist weniger ernsthaft, zu Streichen aufgelegt. Als er vorspielt, durch einen Pfirsichkern ersticken zu können, erschrickt die Familie. Eine kleine Betrügerei führt zur Erhöhung des Taschengelds beider Brüder.

Die ungleichen Brüder: Thomas und Christian

Abtreten der alten Generation, Jean übernimmt die Firma

II, 4: Die alte Generation stirbt – zuerst im Januar 1842 Madame Antoinette, die Frau des alten Johann Buddenbrook. Nun bilanziert auch der Witwer seine zwei Ehen, erinnert sich an den Tod der ersten Gattin und wiederholt ab jetzt öfters die Bewertung seines Lebens als „kurios“ (70). Sein Sohn, der Konsul Jean, übernimmt endgültig die Leitung der Firma. Im März stirbt dann auch der alte Johann. Gotthold kommt zur Beerdigung, vergeblich versucht er bei dem Konsul noch einmal seine alten Forderungen durchzusetzen. Gotthold beschließt, sich zur Ruhe zu setzen und sein Leinengeschäft aufzugeben.

Thomas, 16 Jahre alt, tritt in die Firma ein

II, 5: An Ostern 1842 tritt der sechzehnjährige, ernste und eifrige Thomas in die Firma ein. Dessen in den letzten Jahren sichtlich gealterter Vater, der Konsul Jean, will die inzwischen verlorenen Finanzmittel wieder erwirtschaften. Deutlich wird die verschlechterte finanzielle Lage der Familie im Gespräch mit der Konsulin Bethsy, die neben den vier Hausmädchen noch einen Diener anstellen möchte. Der Konsul rechnet ihr vor, dass in den letzten Jahren die Familie ungefähr die Hälfte ihres Geldbesitzes verloren hat. Auch Kröger, der Vater der Konsulin, hat Einbußen gehabt, so dass das mögliche Erbe von dieser Seite der Familie ebenso geschmälert ist. Doch die Konsulin setzt sich durch. Nach einigen Tagen wird ein Diener engagiert.

Verschlechterte finanzielle Lage

Tony im Internat von Sesemi Weichbrodt

II, 6: Tony, nun fünfzehn Jahre alt, eitel und hochmütig, kommt in das Internat von Fräulein Weichbrodt, als bekannt wird, dass sie mit einem Gymnasiasten spazieren geht, mit dem sie auch Briefe austauscht.

Skandal: Christians Begeisterung für eine Schauspielerin

Auch über Christian häufen sich die Klagen, nicht nur in der Schule. Nachdem er sich während einer Theateraufführung für eine Schauspielerin begeistert hat, beschenkt er sie an ihrer Garderobe mit Blumen. Dies wird stadtbekannt. Der Konsul erregt sich, er sieht hier das Erbe der leichtlebigen Krögers, der Eltern seiner Frau Bethsy.

Tonys Freundinnen im Internat

II, 7: Fräulein Weichbrodt ist klein, bucklig und sehr belesen. Sie nimmt in ihr Internat nur Töchter aus vornehmen Familien auf, z.B. die Freundinnen Tonys wie die exotische, rothaarige, Geige spielende Gerda Arnoldsen aus Amsterdam und die adlige Gutsbesitzertochter Armgard von Schilling aus Mecklenburg. Adel fasziniert die bürgerliche Tony. In ihrem Freundschaftsbund machen die Mädchen Heiratspläne. Tony möchte einen Kaufmann heiraten, Gerda soll einen ihrer Brüder ehelichen. Weihnachten verbringt Tony im Kreis der Familie im Haus in der Mengstraße. In den Ferien reist sie u.a. mit ihrer Cousine Klothilde, auch Thilda genannt, nach Mecklenburg, um dort Armgard zu besuchen.

Kontor Maßmann und Nissen, Breite Straße 39, um 1880 © Museen für Kunst und Kulturgeschichte der Hansestadt Lübeck

Teil III: Juni 1845 – Februar 1846

Teil III: Abschied von der Liebe	➞ Grünlich hält zunächst vergeblich um die Hand Tonys an. ➞ Tonys Eltern versuchen sie zu überreden, sich in die Familientradition einzureihen und den Kaufmann Grünlich zu heiraten. ➞ Tony verliebt sich in den Studenten Morten Schwarzkopf, der aus einer einfachen Familie stammt. ➞ Durch Morten lernt Tony eine freiheitlichere Perspektive kennen. ➞ Trotz der Liebe zu Morten Schwarzkopf entschließt sich Tony aus Pflichtgefühl gegenüber der Familie zur Heirat mit dem ihr verhassten Grünlich. ➞ Thomas nimmt Abschied von seiner geheimen Geliebten, der Blumenhändlerin Anna.

Grünlich schmeichelt sich bei Tonys Eltern ein

III, 1: Eines Nachmittags im Juni 1845 sitzt die Familie Buddenbrook im Garten, als unangemeldet der 32-jährige Hamburger Kaufmann Bendix Grünlich erscheint, um den Konsul aus geschäftlichen Gründen zu sprechen. Grünlich schmeichelt sich mit christlichen Gedanken und Gesten der Ergebenheit in das Herz der Eltern Tonys ein. Doch das Herz der inzwischen 18-jährigen Tony kann er nicht gewinnen. Sie findet ihn exaltiert und albern.

Grünlichs Heiratsantrag wird von Tony zunächst abgelehnt

III, 2: Als einige Zeit später Tony Grünlich auf der Straße trifft, hat sie nur ein spöttisches Lächeln für ihn übrig. Tonys Eltern laden den ihnen gefälligen jungen Kaufmann am nächsten Sonntag ein. Grünlich reist nach Hamburg zurück. Acht Tage später trifft ein Brief Grünlichs ein, in dem er um die Hand von Tony anhält. Tony lehnt diesen Antrag zunächst weinend ab. Die Mutter weist darauf hin, dass entsprechende Gefühle noch aufflammen könnten, dass aber Grünlich eine gute Partie sei und so ihre Tochter in der feinen Hamburger Gesellschaft leben könne. Der Vater schiebt die Entscheidung über den Antrag hinaus. Tony fühlt sich jedoch ihrer Familie gegenüber verpflichtet. Durch eine reiche Heirat will sie den Glanz von Familie und Firma fördern.

Weiteres Werben Grünlichs

III, 3: Ungefähr zehn Tage nach dem Eintreffen des Briefs, Mitte Juli – die Familie macht dieses Jahr keinen Urlaub – besucht Grünlich Tony, die ihn immer noch verabscheut. Tony willigt erneut nicht ein, ihn zu heiraten. Grünlich sinkt vor ihr auf die Knie. Tony erinnert sich mitleidig an ähnliche Situationen, die sie aus Romanen kennt. Seine verzweifelten Bitten rühren sie. Grünlich geht, kündigt aber seine Wiederkehr an.

Tony wird bedrängt, Grünlich der Familie zuliebe zu heiraten

III, 4: Der Konsul hat Erkundigungen über Grünlich eingezogen: er habe ein beachtliches Vermögen, verkehre in den besten Kreisen, besitze eine eigene Firma, mache aber nicht so viel Gewinn wie erwünscht. Von allen Seiten wird Tony geraten, den Antrag Grünlichs anzunehmen, selbst der Pastor predigt dies kaum verhüllt von der Kanzel. Tony verliert darüber ihre Lebenslust, magert ab, wird traurig. Sie willigt freudig in den Vorschlag ihres Vaters ein, sich für einige Zeit im Haus eines Lotsenkommandanten in dem Seebad Travemünde an der Ostsee zu erholen.

Tony zur Erholung in Travemünde

III, 5: Tony fährt in Begleitung ihres Bruders Thomas mit der schnellen Kröger'schen Kutsche nach Travemünde. Dort will sie sich nicht in die Kurgesellschaft einfügen, die Gefahr, Geschäftsleute aus Hamburg, aber auch aus ihrer Heimatstadt zu treffen, ist zu groß. Als Tony von der Verlobung ihrer ehemaligen Mitschülerin Julchen Hagenström mit August Möllendorpf erfährt, empört sie sich über die Aufsteiger. Doch Thomas bewundert deren Tüchtigkeit und gesteht sowohl geschäftliche Misserfolge als auch das Scheitern des Studiums einiger eigener Familienmitglieder ein. Wenn Tony in Zukunft mit Hagenströms – so Thomas – mithalten möchte, muss sie Grünlich heiraten. Als die Geschwister bei der Familie Schwarzkopf in Travemünde ankommen, lernt sie auch den Sohn kennen, etwa 20 Jahre alt, Student, blond, mit guten Zähnen. Er weckt ihr Interesse.

Auch Thomas rät seiner Schwester zur Heirat, um geschäftliche Misserfolge auszugleichen

Gespräche mit dem Medizinstudenten über die politische Situation

III, 6: Thomas fährt wieder zurück. Tony erholt sich weiter an der Ostsee, denkt nicht mehr an Grünlich, unterhält sich vergnügt mit dem Medizinstudenten. In diesen Gesprächen wird auch die Kritik des Studenten am Adel, am preußischen König und an allzu kleingeistigen Zeitungen deutlich.

Morten: abseits der gehobenen Gesellschaft

III, 7: Bei ihren Strandspaziergängen unerhalten sich Tony und der Student über ihre Lektüren. Tony erfährt endlich seinen Vornamen Morten, den er ihr leicht errötend mitteilt. Er möchte jedoch nicht den im Kurbad sich aufhaltenden Mitgliedern der gehobenen Klasse wie Hagenströms und Möllendorpfs vorgestellt werden. Als Tony mit jungen Damen der Gesellschaft im Meer badet, hält Morten sich abseits am Strand auf „den Steinen" (132).

Mortens freiheitliche Einstellung

III, 8: Tony genießt die kurzweiligen Sommerwochen und wird wieder übermütig. Am Wochenende besuchen sie ihr Vater und ihre Brüder Thomas und Christian. In politischen Gesprächen mit Morten beklagt dieser Zensur, Adelsprivilegien und gesellschaftliche Schranken. Eigentlich müsste er zu Tony „Demoiselle" (138) sagen und Distanz zu ihr einnehmen. Er verrät Tony, dass er Mitglied einer Göttinger Burschenschaft sei, die für Freiheit kämpfe. Tony glaubt sich einig mit Morten zu sein, beide blicken auf das offene Meer hinaus.

Tonys Liebe, Mortens Heiratsantrag

III, 9: Als Tonys Aufenthalt an der See sich dem Ende zuneigt, fragt Morten sie nach Grünlich, dessen Namen er einmal gehört hat. Tony erwidert, dass sie Grünlich nicht ausstehen könne. Nachdem Morten ihr deswegen Kälte vorgeworfen hat, weint sie und gesteht Morten, dass sie ihn lieber habe als alle, die sie kenne. Er küsst ihre Hände und plant eine gemeinsame Zukunft. Wenn er das Studium als Doktor abgeschlossen habe, solle Tony bei ihrem Vater für ihn bitten, d.h. er möchte sie heiraten, sie solle Grünlich nicht erhören. Tony bejaht „abwesend" (143) diesen Plan, der mit einem Kuss besiegelt wird.

Druck des Vaters auf Tony, sich in die Familientradition einzureihen

III, 10: Tony, noch in Travemünde, erhält einen Brief von Grünlich. Ein Ring ist dem Brief beigefügt. Tony schickt sofort diesen Brief mit dem Ring ihrem Vater zurück und berichtet ihm von ihrer Liebe zu Morten. Reichtum alleine mache nicht immer jeden glücklich. Doch der Vater schildert im nächsten Brief die Verzweiflung Grünlichs und dessen Vorsatz, sich das Leben zu nehmen, wenn Tony ihn nicht heiraten würde. Der Vater, ganz Konsul, erklärt Tony in seinem Brief, dass im Leben nicht das persönliche Glück zähle, sondern, es gelte als „Glieder in einer Kette“ (146), als Teil einer Tradition, der die Buddenbrooks verpflichtet seien, den vorbestimmten Weg zu gehen.

III, 11: Ohne sich anzukündigen, besucht nun Grünlich selbst die Familie Schwarzkopf. Er teilt dem Lotsenkommandanten mit, dass er mit Tony so gut wie verlobt sei und dass er gehört habe, dass Morten ihm seine Rechte an der Braut abspenstig machen möchte. Vater Schwarzkopf weist seinen Sohn zurecht. Tony weiß nichts von diesem Zusammentreffen, sie hält einen Mittagsschlaf.

Grünlich macht bei Vater Schwarzkopf seine vorgeblichen Rechte an Tony geltend

III, 12: Nun holt ihr Bruder Thomas sie ab, Morten ist bereits wieder in Göttingen. Tony erinnert sich während der Fahrt nach Hause wehmütig an Morten, so z.B. an seine schönen Zähne, an seine politische Kritik, die sie ab jetzt als geheimen Schatz ansieht. Als sie bitterlich weint, versucht Thomas sie mit den Worten zu trösten, dass auch er nun Abschied nehmen müsse, weil er eine Stelle in Amsterdam anzutreten habe.

Tonys Abschiedsschmerz

III, 13: Als Tony in das Haus in der Mengstraße zurückkehrt, beobachtet sie, wie Wagen mit vollen Kornsäcken in die Firma Buddenbrook einfahren. Am nächsten Tag liest sie voller Stolz im Familienbuch, liest auch die präzise Dokumentation ihres eigenen Lebens – Geburt, Taufe ... – und ist von einem Gefühl der eigenen Bedeutung für den Fortbestand der Familie erfüllt. Sie gibt sich einen Ruck und notiert am 22. September 1845 ihre Verlobung mit Grünlich.

Tony akzeptiert die Familientradition, Verlobung mit Grünlich

III, 14: Nachdem der Konsul und Grünlich sich einig über die Mitgift sind – Tonys Vater zahlt nach Verhandlungen 80000 Mark Courant an Grünlich – ist Tony mit dem Besorgen einer vornehmen Aussteuer beschäftigt. Grünlich findet eine Villa am Rande der Stadt Hamburg, obwohl Tony das Zentrum bevorzugt hätte. Zu Beginn des neuen Jahres finden der prächtige Polterabend und die stattliche Hochzeitsfeier statt. Das Paar reist nach Hamburg ab, doch zuvor will Tony von ihrem Vater wissen, ob er mit ihr zufrieden sei. Nachdem sie sich verabschiedet hat, sprechen ihre Eltern über die Frage nach

Heirat, Umzug Grünlichs gegen Tonys Willen in eine Villa am Rande Hamburgs

Frage nach dem Glück

Tonys Glück. Für die Mutter ist das gemeinsame Glück der beiden Eheleute wichtig, für den Vater zählt, dass Tony mit sich selbst zufrieden sei, denn dies sei das stabilste Glück.

Thomas' Abschied von seiner heimlichen Geliebten Anna

III, 15: Es ist Februar. Im kalten Schnee durchquert Thomas die Seitengassen seiner Heimatstadt, bis er zu einem kleinen Blumenladen gelangt. Von der Blumenhändlerin Anna, mit der er seit anderthalb Jahren eine natürlich geheim gehaltene Beziehung hat, muss er sich endgültig verabschieden. Traurig berichtet er von seinem Wechsel nach Amsterdam. Er weiß, dass sie unterschiedliche Wege gehen werden: er wird eine gute Partie machen, d.h. er wird standesgemäß heiraten, Anna rät er, sich nicht wegzuwerfen.

Teil IV: April 1846 – September 1855

Teil IV: Scheitern der Ehe Tonys, Tod von Jean	→ Jean, dem Konsul, gelingt es, den Aufstand ins Lächerliche zu ziehen und so das Volk zu beruhigen. → Geburt von Erika, der Tochter Tonys und Grünlichs. → Grünlich geht Bankrott. → Der Konsul entdeckt den schon lang vor der Ehe mit Tony geplanten Betrug der Firma Buddenbrook. → Scheidung von Tony und Bendix Grünlich. → Rückkehr Tonys ins Elternhaus. → Christian zeigt mehr Neigung zum Theater als zum Handel. Er geht von London nach Chile. → Tod des Konsuls Jean mit ca. 55 Jahren.

Stagnation der Firma

IV, 1: Dieses Kapitel besteht aus drei Briefen. Im ersten Brief, datiert vom April 1846, schildert Tony ihrer Mutter das Leben in Hamburg und teilt ihr mit, dass sie schwanger sei. Im August desselben Jahres schreibt der Konsul, der inzwischen etliche städtische Ämter innehat, seinem Sohn Thomas, dass er mit dessen geschäftlichen Erfolgen zufrieden sei und dass er früher auch an der Nervosität, die jetzt Thomas immer wieder befällt, gelitten habe. Er deutet die Stagnation seiner Firma an, dass sie im Gegensatz zu den Betrieben seiner Konkurrenten nicht weiter wachse. Wichtig ist ihm jedoch, bei den soliden Leitsätzen des Großvaters zu bleiben. Im

Geburt von Erika, der Tochter Tonys und Grünlichs

dritten Brief zeigt Grünlich Tonys Eltern die Geburt der Tochter Erika an.

Widerstand gegen die Obrigkeit im Revolutionsjahr 1848

IV, 2: Im Revolutionsjahr 1848 werden auch Buddenbrooks mit Straßenkrawall und Widerstand gegen die Obrigkeit konfrontiert. So muss die Köchin der Familie entlassen werden, weil sie ungehorsam wird und von einer neuen Ordnung spricht. Der Konsul vertritt weiter das ständische Prinzip, während z. B. sein Konkurrent Hagenström für ein allgemeines Wahlrecht eintritt. Als Unruhen in der Stadt sind, Fenster eingeschlagen werden, hält die Konsulin Bethsy vergeblich ihren Mann davon ab, zur „Bürgerschaft" zu eilen.

Konsul Johann gelingt es, den Aufstand lächerlich zu machen

IV, 3: Zur Bürgerschaft gehören ca. hundert Abgeordnete, die sich nun versammelt haben und abwarten, bis die Unruhen auf der Straße abflauen. Um die hundert Aufrührer, z. B. Matrosen und Dienstmänner, von Redakteur Rübsam aufgewiegelt, ziehen zur Bürgerschaft. Nur der alte Kröger, des Konsuls Schwiegervater, will schießen. Dem Konsul, der auf die Straße tritt, gelingt es durch ein Gespräch im Dialekt mit einem naiven Aufständischen, die Situation zu entspannen.

Tod von Kröger, des Vaters von Bethsy

IV, 4: Es kehrt behagliche Stimmung in die Bürgerversammlung ein. Nur der alte Kröger ist noch verbittert, er kann die Demütigung durch den Pöbel nicht verschmerzen. Als er mit der Kutsche nach Hause fährt, trifft ihn leicht ein Stein. Zu Hause angekommen, stirbt er.

Tonys Bitte um eine weitere Hilfe im Haushalt wird ihr von Grünlich abgeschlagen

IV, 5: Im Januar 1850, ein Jahr und zwei Monate später, bittet Tony ihren Mann Grünlich um eine dritte Kraft im Haushalt, um eine Erzieherin für die inzwischen dreijährige Tochter Erika, und um einen Wagen, um in die Stadt fahren zu können. Grünlich wirft ihr vor, dass ihr Hang zum Luxus ihn ruiniere. Tony ahnt schlechte Geschäfte ihres Mannes.

Bankrott Grünlichs

IV, 6: Kesselmeyer, Grünlichs Geldgeber, besucht die junge Familie. Noch wird scheinbar gescherzt. Tony fragt Kesselmeyer, ob sie tatsächlich ihren Mann ruiniere. Da lacht er lauthals. Als die Herren unter sich sind und laut reden, erfährt Tony im Nebenzimmer lauschend vom Bankrott Grünlichs und von dem finanziellen Verlust, den die Firma Buddenbrook mit einem Geschäft in Bremen erlitten hat. Kesselmeyer will Grünlich keinen Aufschub bzgl. der Rückzahlung der Schulden einräumen. Auch gewährt er ihm keinen neuen Kredit, weil die Sicherheit, die früher durch die florierende Firma seines Schwiegervaters gegeben war, nun nicht mehr stabil ist. Kesselmeyer deutet unehrliche Geschäftspraktiken Grünlichs an. Eine Chance gibt er Grünlich noch. Er möge innerhalb von acht Tagen den Konsul um Geld bitten. Wenn sein Schwiegervater jedoch ablehne, dann sei die Insolvenz unvermeidlich.

Zahlungsunfähigkeit Grünlichs

IV, 7: Der inzwischen sehr gealterte Konsul besucht Grünlich und Kesselmeyer in Hamburg. Den Konsul hatten Sorgen geplagt. Sohn Thomas musste wegen eines Lungenleidens zur Kur nach Südfrankreich, dazu der Verlust einer hohen Geldsumme durch die bankrotten Bremer Geschäfte. Es kommt die Zahlungsunfähigkeit Grünlichs hinzu, der nun von ihm eine beträchtliche Summe zur Sanierung seiner Geschäfte haben möchte. Falls Tony, so der Entschluss des Konsuls, bei Grünlich bleiben möchte, ist er schweren Herzens bereit, Grünlich weiter zu unterstützen. Da er sich verantwortlich für die Heirat seiner Tochter fühlt, möchte er, falls Tony das wünscht, sie und Erika wieder bei sich zu Hause aufnehmen. Tony stimmt freudig diesem Vorschlag zu, da sie Grünlich nie geliebt hat. Der Vater bereut, dass er nicht schon vor der Hochzeit Grünlichs Geschäftsunterlagen genau geprüft hat. Er lässt Tony aber auch erkennen, dass die eigene Firma Verluste aufweist.

Rat zur Scheidung Tonys

Jeans Erkenntnis des schon vor der Ehe mit Tony geplanten Betrugs Grünlichs

IV, 8: Das Gespräch zwischen Grünlich, Kesselmeyer und dem Konsul wird fortgesetzt, unzählige Papiere Grünlichs werden überprüft. Der Konsul muss erkennen, dass Grünlich eigentlich schon seit längerer Zeit kurz vor der Insolvenz steht und nur der Hinweis auf den guten Namen seines Schwiegervaters, also auf seine eigene bislang blühende Firma, ihm Kredit gewährt hat. Als der Konsul auf seiner Weigerung, Grünlich Geld zu geben, besteht, gibt Kesselmeyer zu bedenken, dass diese Ablehnung ein schlechtes Licht auf das Vermögen der Buddenbrooks werfen könnte. Auch informiert er den Konsul darüber, dass Grünlichs Heirat mit Tony nur ein Mittel war, seine drohende Insolvenz abzuwenden, denn der Konsul gab seinem Schwiegersohn eine hohe Geldsumme als Mitgift (80 000 Courant). Grünlich habe schon vor der Verlobung einen Kredit erhalten, weil er so tat, als sei er schon mit Tony verlobt. Dem Konsul habe er vor der Hochzeit gefälschte Kassenbücher vorgelegt. Zwar hat der Konsul diese Bücher prüfen lassen, doch die Prüfer waren Geschäftsleute, bei denen Grünlich Schulden hatte. Sie hatten also ein großes Interesse an der Heirat, denn sie wollten ihr Geld wiederhaben.

Fälschung der Kassenbücher

IV, 9: Als Tony abreist, kniet Grünlich wieder vor ihr, droht mit Selbstmord, wenn sie ihn verließe. Tony bleibt mit Unterstützung ihres Vaters bei ihrem Entschluss, sich von Grünlich zu trennen. Dieser wirft im Zorn eine Vase auf den Boden und schreit, dass er Tony nur des Geldes wegen geheiratet habe und dass er ihrer überdrüssig sei. Damit ist nun die Trennung Grünlichs und der Familie Buddenbrook endgültig.

Erneute Selbstmorddrohung Grünlichs

IV, 10: Tony lebt zurückhaltend als geschiedene Frau wieder im Elternhaus. Im Februar 1850 ist die Scheidung vollzogen, Tony trägt die Trennung in das Familienbuch ein. Ihr Bruder Thomas, dessen literarische Neigungen deutlich werden, kommt von der Kur in Südfrankreich zurück und arbeitet wieder in der Firma seines Vaters. Die alte Madame Kröger stirbt, und so erben die Buddenbrooks viel Geld von der Familie Kröger. Der Konsul denkt über die Kinder der beiden Familien nach. Die beiden Jungen der Familie Kröger sind nicht geraten und er sorgt sich um seinen Sohn Christian, der mehr Neigung zum Theater als zum Handel hat. Im Jahre 1851 fährt dieser von London nach Chile, um dort als Geschäftsmann zu arbeiten. Tony wagt sich wieder mehr in Gesellschaften. Ihr Vater wird immer kränklicher, seine zahlreichen Kuraufenthalte bringen der ihn begleitenden Tony Abwechslung. Der Konsul samt Gattin werden immer frommer, laden Geistliche ein, führen gottgefällige Gespräche. Tony mokiert sich über die vielen zu Besuch weilenden Prediger.

Tony lässt sich von Grünlich scheiden

Erbe durch Tod der Mutter

Sorge um Christian

Frömmeleien des Konsuls

Tod von Johann (Jean) Buddenbrook

IV, 11: Die Familie Buddenbrook wartet eines Tages im September 1855 auf den Konsul, um gemeinsam mit einer anderen Familie einen Ausflug zu machen. Als der Konsul nicht erscheint, wird im Hause nachgeforscht. Er ist gestorben.

Teil V: September 1855 – März 1857

Teil V: Hochzeit der Geschwister Thomas und Clara	
	→ Thomas gibt der Firma neuen Schwung. → In Christians Haltlosigkeit und Sensibilität sieht Thomas ein Potential zum Künstlertum, aber keine kaufmännische Haltung. → Thomas wird wie sein Vater Konsul. → Thomas heiratet die reiche, exotische, Geige spielende Gerda Arnoldsen. → Durch Gerda kommt ein neues, für Thomas fremdes künstlerisches Element in die Familie Buddenbrook: die Musik. → Die ernste, fromme Schwester Clara heiratet Pastor Tiburtius und zieht nach Lettland. → Tony sehnt sich nach einer neuen Ehe.

Thomas übernimmt mit einem Prokuristen die Leitung der Firma

V, 1: Zwei Wochen nach dem Tod des Konsuls treffen sich die Familienmitglieder zur Testamentseröffnung und zur Regelung der Vermögensverhältnisse. Nach dem Wunsch des Verstorbenen soll nun auch der bisherige Prokurist der Firma, Marcus, Teilhaber der Firma sein. Bethsys Bruder Justus Kröger, dessen Sohn Jürgen zweimal durch das juristische Examen gefallen ist und nun bei der Post arbeitet, wird Vormund für die erst in drei Jahren volljährige Clara. Thomas, der Sohn des Verstorbenen, könnte nun dessen Amt des Konsuls für die Niederlande übernehmen, tritt diesen Titel aber dem Halbbruder Gotthold ab. Insgesamt hat die Familie 750 000 Courantmark geerbt, als Mitgift für eine weitere Heirat Tonys werden 17 000 Courant festgesetzt.

Thomas tritt den Titel des Konsuls an Stiefbruder Gotthold ab

Rückkehr Christians aus Chile

V, 2: Nach achtjähriger Abwesenheit kehrt Thomas' Bruder Christian aus Chile in seine Heimatstadt zurück, besucht mit der Familie das Grab seines Vaters und lässt sich von Tony immer wieder den Ablauf von dessen Todesstunde wiederholen. Christian gilt als hochgradig nervös, überspannt, sonderbar und aus dem Gleichgewicht geraten. Er zeigt übermäßige Vorliebe an Details, klagt über Schluckbeschwerden, äußert überschwänglich seine Liebe zum Theater, leidet an abrupten Stimmungswechseln. Seine Familie führt dies auf zu viel Beschäftigung mit sich selbst zurück. Thomas kann diese Neigungen nachfühlen, hat aber für sich die darin liegende Gefahr der Haltlosigkeit erkannt. Künstler könnten eine solche Disposition fruchtbar machen, so Thomas, aber nicht Kaufleute wie die Buddenbrooks, die zur Leistung bestimmt seien.

Haltlosigkeit Christians, Unfähigkeit zum Künstlertum

V, 3: Thomas weist Christian die nun vakante Prokuristenstellung zu, zumindest zur Repräsentation, da er noch nicht von dessen kaufmännischen Kenntnissen überzeugt ist. Unter Thomas zieht ein frischer Geist in die Firma, es wird mehr riskiert. Thomas trifft den richtigen Umgangston mit den Bediensteten, er setzt bewusst seine Persönlichkeit zur Steigerung des geschäftlichen Erfolgs ein. Aber er beklagt auch das neue Tempo und die zunehmende Banalität einer Existenz als Kaufmann und distanziert sich immer mehr von seinem exaltierten Bruder Christian, der immer weniger arbeitet und sich immer mehr im Klub aufhält, zu dessen Mitgliedern viele ledige Kaufleute zählen. Dort unterhält er die Anwesenden meisterhaft mit Abenteurergeschichten und Vorstellungen. Die Mutter Bethsy merkt, dass die Brüder sich hassen.

Steigerung des Erfolgs der Firma

Christians Vorliebe für den Herren-Klub

V, 4: Im Mai 1856 stirbt Gotthold, 60 Jahre alt. Dessen drei unverheiratete Töchter mokieren sich über die Mitglieder der Familie von Thomas, insbesondere über die geschiedene Tony. Thomas eilt ans Sterbebett von Gotthold, bilanziert dessen Leben als wenig gelungen, wirft ihm die geschäftlich wenig einträgliche Liebesheirat und wenig Phantasie vor. Nun übernimmt Thomas den Titel des königlich-niederländischen Konsuls und tritt eine Geschäftsreise nach Amsterdam an.

Tod Gottholds, Thomas wird Konsul

Töchter Gottholds machen sich über die geschiedene Tony lustig

V, 5: Die Witwe des verstorbenen Konsuls Jean, Bethsy, setzt intensiviert die fromme Haltung ihres Gatten fort. Hausandachten werden vermehrt abgehalten. Sie richtet im Haus eine Sonntagsschule ein und begründet den

Witwe Bethsy: Fortsetzung der religiösen Rituale ihres Mannes

Jerusalemsabend, an dem ca. zwanzig Damen nicht nur aus begüterten Schichten samt Tony und Clara teilnehmen. Neben religiösen Gesprächen und Gesängen fertigen die Damen Handarbeiten an, deren Erlös nach Jerusalem geht. Tony lehnt das Übermaß der Besuche kirchlicher Würdenträger ab, Christian karikiert sie.

Clara wird von Pastor Tiburtius umworben

V, 6: Zu den zahlreichen Predigern, die zu Besuch kommen, gehört auch Pastor Tiburtius. Er macht der ernsten und frommen Clara, inzwischen 19 Jahre alt und zu einer herben Schönheit herangewachsen, einen Heiratsantrag. Die Mutter Bethsy stimmt zu, die Einwilligung von Bruder Thomas muss noch eingeholt werden.

Thomas' Verlobung mit der reichen Gerda Arnoldsen

V, 7: Dieses Kapitel besteht aus einem Brief von Thomas aus Amsterdam an seine Mutter, in dem er freudig der Heirat Claras zustimmt und gleichzeitig von seiner eigenen Verlobung mit Gerda Arnoldsen, Tonys ehemaliger Pensionsgenossin bei Sesemi Weichbrodt, berichtet. Er möchte Gerda aus Liebe heiraten, weist aber stolz darauf hin, dass sein künftiger Schwiegervater Millionär sei und so der Firma mehr Kapital zufließe.

Heiterer Sommer 1856

V, 8: Der Sommer 1856 ist der unbeschwerteste, heiterste, den die Familie Buddenbrook je erlebt hat, ausgenommen vielleicht zu Großvaters Zeiten. Thomas fährt mit der Familie ans Meer nach Travemünde. Mit Schwester Tony besucht er die alten Schwarzkopfs, Morten ist nun längst Doktor in Breslau. Lediglich Christian klagt über Schmerzen im Bein. Die neuen Familienmitglieder Tiburtius und Gerda treffen ein. Gerda bringt 300 000 Courantmark als Mitgift in die Firma ein. Die musikalische, Geige – was sonst als eine Stradivari – spielende fremdartige Schönheit mit dunkelrotem Haar ist schnell in der Stadt bekannt. Sie wird von den Junggesellen verehrt und von den eher soliden Bürgern als sonderbar eingestuft. Sie gilt, genauso wie Thomas, dem man eine Neigung zum Aristokratischen vorwirft, als zu modisch. Tony freut sich, dass ihre Freundin nun die Gattin ihres Bruders ist.

Zweifache Hochzeit: Clara und Tiburtius, Thomas und Gerda

Tonys Wunsch nach erneuter Heirat

V, 9: Sieben Monate später, im März 1857, kehren Gerda und Thomas von ihrer zweimonatigen Hochzeitsreise nach Italien zurück. Sie loben Tony für das von ihr während der Reise hübsch hergerichtete kleine Haus, das das Ehepaar nun bezieht. Tony, nun um die dreißig Jahre alt, erzählt Thomas von ihrer Langeweile, von ihrem Kind Erika, das sie zu sehr an den Vater Grünlich erinnert, von ihrem Wunsch nach Leben und einer erneuten Heirat. Sie ist von einer ehemaligen Schulfreundin nach München eingeladen worden, die dort mit einem Brauereidirektor verheiratet ist. Thomas lässt Tony an seiner Freude über den eigenen Hausstand teilnehmen, deutet aber auch an, dass Gerdas Künstlernatur für ihn rätselhaft sei.

Gerdas Künstlernatur bleibt Thomas fremd

Teil VI: 1857 – Anfang 1860

- Der Streit zwischen Thomas und Christian eskaliert nach Christians Aussage: „Alle Kaufleute seien Gauner".
- Christian macht sich mit dem vorzeitigen Erbe in Hamburg selbstständig.
- Die schwere Krankheit von Clara und die Kinderlosigkeit von Thomas und Gerda bzw. Clara und Tiburtius belasten die Familie.
- Tony schließt in München Bekanntschaft mit Permaneder. Sie schätzt seine Güte, sein formloses Benehmen stört sie aber.
- Trotz Bedenken heiratet Tony Permaneder und zieht nach München. Permaneder zieht sich daraufhin mit der Mitgift Tonys in den Ruhestand zurück.
- Permaneders Seitensprung kann Tony nicht verzeihen. Sie kehrt nach Lübeck zurück. Permaneder willigt in die Scheidung ein und gibt auch die Mitgift zurück.

Teil VI: Erstes Streitgespräch der Brüder – Tony und Permaneder heiraten

VI, 1: Nach dem Tod des Konsuls Jean ist das gesellschaftliche Leben im Haus in der Mengstraße nahezu erloschen. Erika lernt im Internat, Thomas und Gattin Gerda sind in das neu hergerichtete Haus in der Breiten Gasse gezogen, in dem viele Gäste bewirtet werden. Im April 1857 erhält die Konsulin Bethsy einen Brief ihrer Tochter Tony, in dem sie von den Schönheiten Münchens, dem ihr fremden Katholizismus und der Bekanntschaft mit dem Hopfenhändler Permaneder berichtet.

Tonys beschwingter Brief aus München

VI, 2: Ende April kehrt die nun dreißigjährige Tony frohgemut zurück, erzählt begeistert von München und hei-

Zwist der Brüder, Thomas' Vorwürfe

tert so die wegen des Zwistes der Brüder Thomas und Christian gespannte Atmosphäre auf. Thomas ist zunehmend wegen Christians wechselnden Beschwerden und dessen Arbeitsunlust, den Clownerien, Schulden und indiskreten Erzählungen über Liebeleien gereizt. Die Mutter versucht zu vermitteln. Thomas befürchtet, dass Firma und Familie durch Christian Schaden zugefügt wird.

Eklat – Christian soll sich in Hamburg selbstständig machen

VI, 3: Im Mai kommt es zum Eklat zwischen den Brüdern. Thomas ist äußerst verärgert darüber, dass ihn Christian mit der Bemerkung im Klub, alle Kaufleute seien Gauner, blamiert hat. Der Konkurrent Hagenström – so Thomas – benutzt die Situation und bezieht die Aussage auf die Firma Buddenbrook. Thomas wirft Christian vor, sich überall als Possenreißer lächerlich zu machen, er sei ein „Auswuchs“, habe keine Kraft mehr für ordentliche Verhältnisse. Er bietet ihm das vorzeitige Erbe von 50 000 Courantmark an, damit er sich in Hamburg selbstständig machen kann.

Permaneder weckt nicht nur Sympathien

VI, 4: Unangemeldet erscheint Permaneder im Elternhaus Tonys. Er gibt zunächst vor, aus geschäftlichen Gründen in der Stadt zu weilen. Durch seine gutmütige Art und seinen Dialekt gewinnt er die Sympathie der Konsulin Bethsy, die ihn für einige Zeit in ihr Haus einlädt. Permaneder fällt aber auch durch sein ungezwungenes Benehmen und seinen Hang zur Bequemlichkeit auf.

Zwiespalt Tonys

VI, 5: Permaneder wird der ganzen Familie Buddenbrook vorgestellt. Insbesondere die Konsulin und Thomas verhalten sich ihm gegenüber sehr herzlich. In einer schlaflosen Nacht berät sich Tony mit Ida Jungmann über eine mögliche Heirat mit Permaneder. Sie befindet sich im Zwiespalt – einerseits schätzt sie seine Güte und sein im Gegensatz zu Grünlich stehendes argloses Wesen, andererseits geniert sie sich für sein formloses Benehmen und seinen mangelnden Ehrgeiz. Sie beschließt für den Fall einer Heirat, seinen Ehrgeiz anzuspornen. Auch Thomas möchte, dass Tony wieder heiratet, denn eine geschiedene Schwester könnte die Firma kompromittieren.

Tonys Hochzeit mit Permaneder

VI, 6: Die Familie Buddenbrook macht mit Permaneder einen Ausflug. Alle außer Gerda, die Ruhe braucht, Belustigungen und Permaneder ablehnt, sind in Sonntagsstimmung. In einem Wirtshaus treffen sie zufällig die neureichen Familien Möllendorpf und Hagenström. Beim Anblick von Julchen Hagenström, die Tony als geschiedene Frau verachtet, beschließt sie, erneut zu heiraten. Nach einem vertraulichen Gespräch zwischen ihr und Permaneder über ihre Ehe mit Grünlich verloben sie sich. Thomas' zwischenzeitliche Erkundigungen über die geschäftliche Situation seines künftigen Schwagers ergeben, dass Tony ein bürgerliches, aber nicht luxuriöses Leben führen kann. Die Trauung wird im engsten Familienkreis vollzogen.

Thomas' wirtschaftliche Erfolge

VI, 7: In einem Gespräch mit seinem Barbier zeigt Thomas seine fortschrittliche Haltung, die sich in seiner Bewunderung für Napoleon III, in seiner Vorstellung neuer Eisenbahnlinien, in der Akzeptanz des Zollvereins, der Förderung des Ausbaus der Heimatstadt und in der Ablehnung des für ihn zu langsamen Bürgermeisters äußert. Thomas empfindet die Enge seiner Verhältnisse und möchte nun nach einer Zeit der revolutionsbedingten Stagnation seine Kraft dem Gemeinwesen widmen. Er setzt sich z.B. bei der Armenpflege und beim Zoll ein. Als stilvoller Gastgeber weiß er zu repräsentieren. Die Firma prosperiert jetzt wieder – im Jahre 1858 – trotz der Kapitalentziehung durch Christians Niederlassung in Hamburg und Tonys zweiter Heirat. Doch die Stimmung ist durch mehrere Sorgen wie die Unklarheit über Christians Geschäftserfolg, die Kinderlosigkeit und Krankheit der Schwester Clara und die eigene Kinderlosigkeit getrübt. Gerda soll sich deswegen einer Kur unterziehen.

Sorgen wegen Kinderlosigkeit und Krankheit

Permaneder zieht sich aufgrund von Tonys Mitgift in den Ruhestand zurück

VI, 8: Und noch eine schwerwiegende Sorge kommt hinzu: Tonys Verbitterung über ihre Ehe. In einem Brief berichtet sie davon, dass Permaneder, nun gut ausgestattet mit Kapital aus dem Hause Buddenbrook, sich zur Ruhe setzten will, ein Teil seines Hauses vermieten und ein gemütliches Leben führen möchte. Tony leidet an den häufigen Besuchen ihres Mannes im Hofbräuhaus, an wenig vornehmen Sitten, an dem geringen Status von Leistung insgesamt in München und an ihrem beschränkten Leben. Tony wird schwanger, doch im Januar 1859 stirbt das Mädchen eine Viertelstunde nach der Geburt. Thomas und Gerda besuchen die hoffnungslose Tony in München.

Permaneders Seitensprung demütigt Tony

VI, 9: Im November 1859 fährt Tony völlig aufgelöst zu ihrer Mutter. Sie fühlt sich durch Permaneders Seitensprung mit der Köchin und durch eines seiner Schimpfwörter gedemütigt.

Tonys Unglück in München

VI, 10: Die Mutter und der Bruder Thomas versuchen sie zu beschwichtigen, eine kleine Untreue, dazu noch im Rausch geschehen, sei eine harmlose Angelegenheit. Sie weisen sie auf den Skandal hin, den eine erneute Scheidung bedeuten würde. Thomas ahnt, dass Tony mehr die Stadt München als den Mann verlassen will. Im Gespräch mit Thomas explodieren ihr Widerwillen gegen den katholischen Süden und ihre Wut über ihre mangelnde Anerkennung in München. Sie weiß, dass nun Thomas alleine arbeiten muss, um Familie und Firma zu erhalten.

Zweite Scheidung Tonys, Rückkehr zur Mutter

VI, 11: Thomas reist nach Hamburg zu dem überschuldeten Bruder Christian. Unerwartet willigt Permaneder in die Scheidung ein und gibt sogar die Mitgift zurück. Tony lebt im Hause ihrer Mutter.

Teil VII: Wenn das Haus fertig ist, kommt der Tod, 1857–1859

Teil VII: Geburt Hannos – Bau eines neuen Hauses	
	➞ Schwere Geburt Hannos – Vorzeichen seiner schwachen Konstitution; Groblebens Warnung, alle Menschen würden zu Moder. ➞ Christian geht nach London wegen Aufgabe seines wenig profitablen Geschäfts in Hamburg. ➞ Nicht Hagenström, sondern Thomas wird zum Senator gewählt. ➞ Bau eines neuen Hauses an der Fischergrube. ➞ Thomas: den äußeren Erfolgen stehen innere Ruhelosigkeit und der Zwang zur Haltung, z. B. zu überkorrekter Kleidung, entgegen. ➞ Vermehrte finanzielle Verluste (z. B. als Folge eines Roggenhandels und des Kriegsgeschehens), nach dem Tod der Schwester Clara Verlust der Mitgift.

VII, 1: Der lang ersehnte Stammhalter, der Sohn von Thomas und Gerda, wird auf die Namen Justus Johann Kaspar getauft und Hanno genannt. Das zarte Kind hätte seine Geburt vier Wochen zuvor beinahe nicht überlebt. Zur repräsentativen Tauffeier erscheinen die gesamte Familie und die Honoratioren des Ortes. Der alte Bürgermeister und Justus Kröger werden Paten. Thomas' Stiefelwichser, der Speicherarbeiter Grobleben, gratuliert mit der Erinnerung an die Vergänglichkeit des Menschen. Tony hofft, dass mit dem Kind eine neue Zeit kommen wird.

Geburt des zarten Hanno

Erinnerung an Vergänglichkeit des Menschen

VII, 2: Auch Christian, inzwischen Vater von drei Kindern und mit seinen eingefallenen Wangen älter als 33 Jahre alt aussehend, ist bei der Taufe anwesend. Er erzählt Thomas von seinen Schmerzen und seinem Plan, seine schlecht laufende Firma aufzugeben und in London wieder als Angestellter zu arbeiten. Thomas, der ihm Umgang mit liederlichen Frauen vorwirft, hat nichts dagegen.

Christian gibt Firma in Hamburg auf und geht nach London

VII, 3: Im Februar stirbt der alte Senator Möllendorpf. Der Kampf um dessen Nachfolge entbrennt. Thomas und Hermann Hagenström haben die besten Chancen. Hagenström, ebenfalls eine respektable Erscheinung, vertritt den modernen Geist, er ist liberal, nicht an Traditionen gebunden, verdient auf legere Art sein Geld, lädt eine Sängerin zu seinen Abendgesellschaften ein. Thomas' Ansehen ist anderer Art: Familientradition mit über hundertjährigem Bürgerruhm und ein hohes Maß an Bildung zeichnen ihn aus. Makler Gosch hat jedoch ein anderes Motiv, für ihn Werbung zu machen. Er verehrt dessen Frau Gerda.

Thomas konkurriert mit Hermann Hagenström um den Titel des Senators

VII, 4: Am Tag der Wahl zum hohen Amt des Senators wartet die Menge draußen. Unter das Volk hat sich auch Tony gesellt, die sehr erleichtert ist, als sie hört, dass ihr Bruder zum Senator gewählt ist.

Thomas wird Senator

VII, 5: Thomas ist nun 37 Jahre alt, befindet sich auf einem bisherigen Höhepunkt seiner Laufbahn. Gleichzeitig fühlt er schon Anzeichen der zunehmenden Kraftlosigkeit. Er ist mit privaten und öffentlichen Ämtern

Lebenskrise von Thomas

Zwang zu akkurater Kleidung

Plan eines neuen Hauses, Umzug als Regeneration

überhäuft, die Geschäfte gehen glänzend, überall ist er anerkannt. Doch ist er ruhelos, fühlt sich immer im Rückstand, z. B. dient das tägliche mehrfache Wechseln modischer Kleidung dazu, ihm Halt zu geben und ihn körperlich zu erneuern. Im Sommer 1863 plant er den Bau eines neuen Hauses auf einem Grundstück in der Fischergrube. Das mit dem Umzug verbundene Aufräumen sieht er als einen Akt der Erneuerung an. Zum Richtfest bindet den Richtkranz die Blumenhändlerin aus dem dem neuen Hause gegenüberliegenden Geschäft. Sie ist verheiratet, erwartet ihr zweites Kind und sieht sich die Senatorin Gerda genau an. Thomas bedankt sich und sieht der Blumenhändlerin ins Gesicht.

Clara ist todkrank Christian schwer erkrankt

Finanzielle Verluste, zunehmende Schwäche von Thomas

VII, 6: Nachdem im Juli 1864 das neue Haus seit vier Wochen bezogen ist, unterrichtet Tony Thomas über Claras Gehirnerkrankung. Clara wird nicht mehr lange leben. Christian ist inzwischen aufgrund seines Gelenkrheumatismus kaum noch bewegungsfähig. Bei einem Roggenhandel hat Thomas finanzielle Verluste erlitten. Hagenström hat ihn öffentlich fast lächerlich gemacht. Über das neue Haus kann er sich nicht mehr freuen, er befürchtet einen zunehmenden Verlust seiner Kräfte. Symbole des Glücks wie z. B. der Hausbau, so ahnt er, erscheinen erst, wenn der Abstieg beginnt.

Streit zwischen Mutter und Thomas

Thomas erfährt immer mehr Niederlagen

Vermögensverluste

VII, 7: Unerhörtes geschieht im schwülen August. Die alte Mutter Bethsy und ihr Sohn Thomas streiten sich lautstark. Anlass der Auseinandersetzung ist die Bitte der inzwischen verstorbenen Clara, ihrem Mann, dem Prediger Tiburtius, nach ihrem Tode ihr Erbe zuzusprechen. Die Mutter hat dies bereits in die Wege geleitet, ohne sich vorher mit Thomas abzusprechen. Doch das Hintergehen der Familie bzgl. dieser Erbangelegenheit ist nur eine von vielen Niederlagen, die der erzürnte Thomas in der letzten Zeit erlitten hat. Er überschlägt seine Vermögensverluste: Tonys erste Mitgift (80 000 Courantmark), Christians Mitgift (50 000) und ein Vorschuss (30 000) für noch nötige Kuraufwendungen, Claras Mitgift (80 000) und Erbe (127 500), Kosten für den Hausbau (100 000). Zudem gehen zurzeit die Geschäfte sehr schlecht.

VII, 8: Im neuen Haus werden wie überall in der Stadt preußische Soldaten einquartiert. Im Winter kehren die siegreichen Truppen zurück und werden erneut einquartiert. Eine kurze Friedenszeit beginnt, in der der vierjährige Hanno aufwächst. Als eine Firma in Frankfurt, die auf österreichischer Seite stand, Insolvenz anmelden muss, verliert auch das Haus Buddenbrook 20 000 Courantmark.

Einquartierung preußischer Soldaten

Teil VIII: 1866 – Januar 1868

- Die Heirat Erikas mit Weinschenk entpuppt sich als Misserfolg: Erika leidet als Ehefrau unter dem Zwang zur Unterhaltsamkeit. Weinschenk muss wegen Betrugs ins Gefängnis.
- Thomas, 42 Jahre alt, leidet unter stetem Energieverlust und greift die Idee Tonys zur „Pöppenrader Wette“ auf.
- Gegen Ende der Jubiläumsfeier erfährt Thomas vom finanziellen Verlust durch die verlorene Wette.
- Gerdas und Hannos Liebe zu Wagners Musik entfremden Thomas von seiner Familie, er versucht vergeblich, den sensiblen Hanno zum Kaufmann zu erziehen.
- Weihnachten im Haus an der Mengstraße, Hanno erhält das gewünschte Puppentheater.

Teil VIII: Firmenjubiläum Hannos Schlussstrich im Familienbuch

VIII, 1: Tony ist um die Zukunft ihrer Tochter bekümmert. Erika, nun 20 Jahre alt, gehört als Tochter einer geschiedenen Mutter nicht zur Gesellschaft. Als im Januar 1867 Hugo Weinschenk, Direktor einer Feuerversicherungsgesellschaft, um ihre Hand bittet, willigt die ganze Familie freudig ein. Weinschenk, von imponierendem Äußeren, gilt als solide und arbeitsam, doch die Umgangsformen dieses selfmademan entsprechen nicht denen der Buddenbrooks. Christian, der ihn karikiert, vergnügt sich weiter in der Stadt, erzählt von seinen Affären. Tony, die bei den Hochzeitsvorbereitungen für Erika aufblüht und ihre Schmach der Scheidung fast vergisst, zieht in das Haus des jungen Paares ein.

Heirat Erikas mit dem Aufsteiger Weinschenk

VIII, 2: Erika, die inzwischen eine Tochter geboren hat, leidet unter dem Anspruch ihres Mannes, als Frau immer unterhaltsam zu sein. Im Frühling 1868 kommt

Erikas Leiden in der Ehe

Tony von einer Reise zum Herrenhaus Pöppenrade zurück, in das sie die dorthin verheiratete ehemalige Internatsfreundin Armgard eingeladen hatte. Armgards Mann, Ralf von Maiboom, so erzählt Tony ihrem Bruder Thomas, hat Spielschulden. Tony war eingeladen, um bei ihrem Bruder einen Vorschuss von 35 000 Courantmark innerhalb von zwei Wochen zu erbitten, ansonsten müsse Maiboom alles verkaufen. Thomas will keinen Profit durch Ausnutzung von dessen Situation machen, so wie Tony ihm rät. Tony wirft ihm Erfolglosigkeit vor und malt ihm aus, wie der Konkurrent Hagenström das Haus Pöppenrade günstig erwerben könnte.

Tonys Vorschlag der Spekulation auf die Ernte

Sensibilität Hannos

VIII, 3: Tony besucht im Anschluss an dieses Gespräch den schlafenden Hanno. Als dieser wach wird, erzählt er, dass er nicht gerne zur Schule geht und sich dort nicht gut konzentrieren kann. Der sensible Junge leidet an nächtlichen Krämpfen und weint viel.

Thomas zwischen Erschöpfung und Selbstdisziplin

VIII, 4: Der Rat Tonys, sich einen Vorteil bzgl. des Hauses Pöppenrade zu sichern, trifft den nun 42-jährigen Thomas in einer deprimierten Stimmung. Er bemerkt, wie seine Kräfte schwinden. Ständig reißt er sich zusammen, versucht Haltung zu bewahren. Sein gepflegtes Aussehen soll der inneren Erschlaffung entgegenwirken. Da der Erfolg der Firma in seiner Phantasie nachlässt, beginnt er zu sparen. Tonys Vorschlag erscheint ihm wie ein Wink, der Lethargie zu entkommen. Seinen inneren Widerstreit, ob er mehr ein Träumer oder ein praktischer Mensch so wie seine Vorfahren sei, löst er in Erinnerung an Christians Ausspruch, dass jeder Kaufmann ein Betrüger sei, damit, dass er auf Tonys Vorschlag eingeht. Er hofft, dass er das von ihm für den Kauf von Haus Pöppenrade vorgesehene Kapital von 40 000 Courantmark verdoppeln kann, wenn er Haus und Grundstück noch vor der Ernte des dort wachsenden Getreides kauft. Die Aussicht auf Gewinn gibt ihm wieder Energie.

Energie durch Aussicht auf spekulatives Geschäft (Wetten auf die Ernte von Pöppenrade)

Hundertstes Firmenjubiläum

VIII, 5: Am 7.7.1868 wird das hundertste Jubiläum der Firma Buddenbrook gefeiert. Thomas ist jedoch wieder ängstlich, will am liebsten die entsprechenden repräsentativen Feierlichkeiten ignorieren und übersteht –

bei großer sommerlicher Hitze – nur mit Mühe die vielen Gratulationen. Von der Familie erhält er als Festgabe eine Gedenktafel mit dem Motto des Firmengründers, dass die Lust an den Geschäften bei Tage nicht die Nachtruhe rauben sollte. Ein Konzert zu Ehren der Firma kann er nur noch als peinlich empfinden. Gegen Ende des Konzerts erhält er ein Telegramm. Thomas muss lesen, dass die Ernte des Hauses Pöppenrade, auf die er gesetzt hat, vom Hagel vernichtet sei. Aufgrund dieser Nachricht wirkt er zunächst gelöst, erleidet dann einen Schwächeanfall und ekelt sich vor der noch immer aufreizend gespielten Musik.

Verlust durch Spekulation, Schwächeanfall

VIII, 6: Der Organist Pfühl musiziert einmal in der Woche mit Gerda zu Hause. In ihren musiktheoretischen Unterhaltungen wird deutlich, dass Pfühl zunächst im Gegensatz zu Gerda Wagners Musik als zu chaotisch und amoralisch ablehnt. Hanno belauscht ehrfürchtig die Gespräche und das Musizieren. Langsam gewöhnt Gerda den Organisten an die Musik Wagners. Mit sieben Jahren lernt Hanno Klavier spielen. Auch darf er sonntags oben auf der Orgelempore in der Marienkirche sitzen. An seinem achten Geburtstag im April 1869 spielt er mit seiner Mutter Gerda der Familie entrückt eine eigene kleine Komposition vor. Tony ist begeistert.

Gerdas Vorliebe für die Musik Wagners

Hannos Musikalität

VIII, 7: Der Vater Thomas jedoch sorgt sich um Hannos Entwicklung. Nach seiner Vorstellung soll Hanno ein starker Mann werden. Die Musik entfremdet ihn von seinem Sohn. Der Vater versucht Hanno mit Wissensfragen zu examinieren, doch Hannos Stimme versagt bei solchen Prüfungen jedes Mal. Die Weichheit und körperliche Zartheit Hannos führt er auf dessen Leidenschaft zur Musik zurück. Hannos zarte Konstitution zeigt sich in seinen Zahnschmerzen und entsprechenden Folgen wie Herz-, Magen-, Schlaf- und Konzentrationsprobleme. Seine Sonderstellung macht ihn altklug. Nur mit einem Jungen schließt er Freundschaft, mit seinem Geschichten erfindenden Klassenkameraden Graf Kai Mölln, der – leicht verwahrlost – aus einer verarmten Familie vom Lande stammt. Die beiden Jungen ergänzen einander. Als Hanno eines Tages das Familienbuch aufgeschlagen sieht, liest er die Stammbäume und zieht unter seinen

Thomas will Hanno zum Geschäftsmann erziehen

Hannos Freundschaft mit Kai

Hanno zieht einen Strich unter seinem Namen im Familienbuch

Namen mit Lineal einen Doppelstrich. Vom Vater erzürnt zur Rede gestellt, erzählt ihm Hanno von seinem Glauben, dass nach ihm nichts mehr komme.

Betrug Weinschenks

VIII, 8: Weinschenk, der Gatte von Tonys Tochter Erika, ist wegen Versicherungsbetrugs angeklagt. Den Prozess führt Staatsanwalt Moritz Hagenström, also ein Mitglied der Konkurrenzfamilie der Buddenbrooks. Trotz eines Staranwalts aus Berlin ahnen Tony und Thomas, dass Weinschenk wenig Chancen hat. Die Weihnachtszeit bricht an, mehrere Feierlichkeiten stehen an. Das zentrale Fest findet im Elternhaus in der Mengstraße nach einem von Konsul Jean genau festgelegten Programm statt. Doch durch die Anwesenheit von Weinschenk ist die Atmosphäre gespannt. Christian, der beinahe das Fest vergessen hätte, freut sich über das Geschenk, das Hanno sich sehnlichst gewünscht hat: ein Puppentheater mit Kulissen zur Oper „Fidelio“. Hanno hatte bei seinem ersten Theaterbesuch vor Weihnachten diese Oper gesehen und war von der Bühne fasziniert. Christian rät Hanno davon ab, sich zu intensiv damit zu befassen, und gesteht eigene aus der Theaterleidenschaft resultierende Fehler ein. Dies hindert ihn jedoch nicht, sich beim weihnachtlichen Festessen wieder taktlos zu benehmen.

Weihnachten im Haus an der Mengstraße

Hannos Puppentheater, Christians Rat, von der Theaterleidenschaft zu lassen

Weinschenk im Gefängnis

Zusammenbruch von Tonys Welt

VIII, 9: Tony leidet vermehrt an Magenkrämpfen. Sie erbittet von ihrem Bruder Thomas eine Kaution von 25 000 Courantmark, damit ihr Schwiegersohn Weinschenk nicht verhaftet wird. Thomas erfährt, dass Erika das raue Wesen Weinschenks nicht ertragen kann. Erikas Mitgift ist aufgebraucht, Weinschenk hat nichts zurückgelegt. Als dieser für dreieinhalb Jahre ins Gefängnis muss, bricht Tonys Welt zusammen.

Teil IX: Herbst 1871 – Januar 1872

→ Trauerfeierlichkeiten anlässlich des Todes von Bethsy: letzte repräsentative Feier im Elternhaus. → Tod der Mutter führt zum Verkauf des Hauses. → Christian offenbart seine Heiratspläne mit der nicht standesgemäßen Aline Puvogel; Thomas reagiert darauf mit der Drohung der Entmündigung seines Bruders. → Im Streitgespräch anlässlich der Aufteilung des Erbes gibt Thomas zu erkennen, dass vom Wesen seines Bruders eine große Gefahr für ihn ausgehe. → Konkurrent Hagenström kauft das Haus. → Tony zieht mit Tochter und Enkelin in eine Etagenwohnung.	Teil IX: Zweites Streitgespräch

IX, 1: Der Krieg ist zu Ende, dies kommt allgemein dem Getreidehandel zugute. Bei der alten Konsulin Bethsy wird Lungentuberkulose diagnostiziert. Auch Christian aus Hamburg wird zu seiner Mutter gerufen, die nach einem langwierigen Todeskampf stirbt.

Allgemeines wirtschaftliches Wachstum

Tod der Mutter Bethsy

IX, 2: Als kurz nach ihrem Tod Thomas das Vermögen der Mutter aufteilt, kommt es erneut zum Eklat zwischen den Brüdern. Christian antwortet auf die Frage, warum gerade er als Junggeselle gerne das Geschirr erben möchte, dass er Aline Puvogel heiraten möchte und Kinder zu ernähren habe. Aus Rücksicht auf die Mutter habe er bislang diesen Plan verschwiegen. Außer sich, dass eine Person wie Aline den Namen Buddenbrook tragen soll und womöglich Geld aus dem Hause Buddenbrook erben könnte, verbietet Thomas seinem Bruder die Heirat.

Zweites Streitgespräch der Brüder anlässlich der Erbaufteilung

Der außer Kontrolle geratene Kampf gipfelt in der Streitfrage, wer von den beiden schwerer erkrankt sei. Als Christian Thomas Egoismus und Selbstgerechtigkeit vorwirft, gibt Thomas zu erkennen, dass er das Wesen des Bruders immer für sich als Gefahr gesehen habe und ihn deswegen habe meiden müssen.

Christians Wesen als Gefahr für Thomas

Der Streit endet in der Drohung von Thomas, dass er seinen Bruder im Falle einer Heirat mit Aline Puvogel als unmündig erklären lassen würde. Das Elternhaus, dass allen drei Geschwistern gehört, soll zum Entsetzen Tonys, die nach ihren Scheidungen hier nun mit ihrer

Tochter Erika und deren Tochter Elisabeth bis jetzt dort gelebt hat, verkauft werden.

Letzte repräsentative Feierlichkeiten bei Bethsys Begräbnis

IX, 3: Hanno verabschiedet sich von der aufgebahrten Großmutter und erschrickt dabei über das wächserne Gesicht. Bei deren Beerdigung wird den Trauernden in großem Maße kondoliert. Tony ist stolz über ihre Rolle bei den Trauerfeierlichkeiten. Zum letzten Mal trifft sich alles, was Rang und Namen hat, im Elternhaus.

Verkauf des Hauses an Konkurrenten Hagenström

IX, 4: Acht Tage nach der Beerdigung verhandeln Thomas und Makler Gosch, der das Haus kaufen möchte, über dessen Preis. Tony sucht eine Mietwohnung, ist teils voller Trauer, teils aber auch voller Vorfreude auf die Veränderung. Doch dann verdüstert sich schlagartig ihre Stimmung, als sie erfährt, dass ausgerechnet der Konkurrent Heinrich Hagenström das Haus erwerben möchte. Für Tony ist dieser Eigentümerwechsel eine Schande, Thomas sieht ihn eher gelassen. Hagenström sei nun einmal ein erfolgreicher Kaufmann, und mit dem Erwerb des historischen Hauses möchte er sich in eine ihm fehlende Tradition einreihen. Als der dicke, weltmännisch im schweren Pelz auftretende Hagenström das Haus besichtigt, erinnern sich er und Tony an ihre jugendlichen Auseinandersetzungen. Im kleinen Kreis wird ein letztes Mal in diesem Haus Weihnachten gefeiert. Zu Beginn des Jahres 1872 wird das Haus geräumt. Christian zieht in die Nähe seines Klubs, Tony, Tochter und Enkelin haben eine helle Mietwohnung gefunden. Die Familie Hagenström zieht in das fast unveränderte Vorderhaus ein, das rückwärtige Gebäude wird abgerissen und an dessen Stelle tritt ein Neubau mit Läden und Schaufenstern, bei deren Anblick Tony weinen muss.

Teil X: 1872–1875

➟ Stagnation des Gewinns in einer Zeit wirtschaftlicher Blüte verstärkt Thomas` depressiven Zustand. ➟ Er kompensiert innere Leere durch Arbeitszwang. ➟ Hanno soll als Erbe aufgebaut werden, aber er scheut Auftritte, liebt die Erzählungen seines Freundes Kai, die Musik und das Puppenspiel. ➟ Eine heitere Gegenwelt zu Schule und väterlicher Erziehung bieten Hanno Sommerferien in Travemünde an der Ostsee. ➟ Die Entfremdung zwischen Thomas und Gerda nimmt zu. Sie sind inzwischen seit 18 Jahren verheiratet. ➟ Die Todesahnungen von Thomas münden in dessen rauschhafter Lektüre Schopenhauers mit der Einsicht, dass Individualität nur Täuschung sei und dass Hanno nicht sein Erbe sein müsse. ➟ Eine Kur in Travemünde weckt in Thomas die Liebe zum Gleichmut der Wellen. ➟ Heftige Zahnbeschwerden führen Thomas zum Zahnarzt, der nicht helfen kann. Auf dem Weg nach Hause fällt Thomas in eine Pfütze, wird bewusstlos und stirbt kurze Zeit später. ➟ Zahlreiche Kondolenzbesuche können Tony, für die nun alles aus ist, kaum trösten.	Teil X: Tod von Thomas

Thomas' Depression

X, 1: Thomas sieht den Höhepunkt seines Lebens als überschritten an. Mehr kann er nicht mehr erreichen, das Amt des Senators ist für ihn das höchstmögliche. Die Firma hat noch ausreichend Kapital, macht aber in einer Zeit der allgemeinen wirtschaftlichen Blüte keine Gewinne mehr. Seine innere Leere und Verzweiflung kompensiert er mit einem Arbeitszwang, der sich allerdings in Kleinigkeiten verliert. Seine akkurate Kleidung hilft ihm, eine maskenhafte Haltung zu bewahren. Tony liest eines Abends in der Zeitung, dass sich der Gatte ihrer Internatsfreundin Armgard, Ralf von Maiboom, aus finanziellen Gründen das Leben genommen hat.

Hanno soll Stärke erlernen

X, 2: Für Hanno kann der Vater Thomas eine Zukunftsperspektive entwickeln. Er beschließt, dessen geistige und körperliche Erziehung in die Hand zu nehmen, den verweichlichenden Einfluss der Musik einzudämmen und ihn zu praktischer Tüchtigkeit zu führen. Hanno soll der Erbe der Firma werden. Stärke soll er durch die ihm verhassten, Disziplin erfordernden Leibesübungen gewinnen. Ständig fühlt er sich durch die turnerischen und sonstigen schulischen Erfolge der jungen blonden Hagenströms gedemütigt. Die Geschichten Kais, die Musik und das Puppenspiel sind die Welt des zierlichen, blassen Knaben mit den braunen Locken. Der Vater nimmt ihn bei Geschäftsgängen mit, zeigt ihm den Hafen und die Schiffe. Bei den zahlreichen gesellschaftlich notwendigen Besuchen bewundert Hanno Takt und sicheres Auftreten des Vaters, aber die Vorstellung, eines Tages auch so zu agieren, beängstigt ihn.

Hannos heitere Zeit an der Ostsee

X, 3: In den Sommerferien fährt Hanno, glücklich über die Pause von der Schule, mit seiner Mutter Gerda und der Erzieherin Ida zur Erholung nach Travemünde. Er genießt alles, was der Ort und die See bieten: träumerisches Spielen am Strand, das Baden im Meer, die heitere Stimmung beim Abendessen mit den anderen Gästen im Kursaal und insbesondere den Blick auf die offene See. Beim Abschied weint Hanno, der Aufenthalt am Meer hat ihn noch sensibler und weicher gemacht. Er nimmt sich vor, während schulischer Qualen sich immer an die See zu erinnern. Tony versteht seine Sehnsucht nach Travemünde und erzählt ihm, dass sie dort einst viel gelernt habe.

Weinschenk wird aus dem Gefängnis entlassen und verschwindet

X, 4: Zu Beginn des Jahres 1873 wird Weinschenk, der Ehemann von Tonys Tochter Erika, vorzeitig aus dem Gefängnis entlassen. Er ist nun ein gebrochener Mann. Nach einigen Tagen Aufenthalt bei seiner Familie, also bei Tony, Erika und Töchterchen Elisabeth, verschwindet er und lässt eine Notiz zurück, dass er dann wiederkomme, wenn er die Familie angemessen ernähren könne. Weinschenk bleibt verschollen. Tony mit Tochter und Enkelin bleiben in der Mietwohnung am Lindenplatz.

Tony wohnt mit Tochter und Enkelin zusammen

Differenzen zwischen Thomas und Gerda wegen Leutnant von Throta

X, 5: Gerda und Thomas sind seit 18 Jahren verheiratet. Ihre als ungewöhnlich geltende Ehe ist schon immer Gespräch in der Stadt gewesen. Der Altersunterschied zwischen den Partnern wird nun deutlicher: Thomas verfällt immer mehr, Gerda ist über die Jahre fast gleichgeblieben. Als Gerda öfters mit dem jungen Leutnant von Throta musiziert, entstehen entsprechende Gerüchte. Thomas wird ängstlich. Der Leutnant lehnt dessen Einladungen ab. Als Thomas Hanno seine Angst, Gerda zu verlieren, spüren lässt, sieht der Junge das erste Mal seinen Vater liebevoll an. Doch der Vater versucht nun voller Todesahnungen, den Jungen mehr als sonst zu fordern. Auch denkt er über sein Verhältnis zum Tod und zur Religion nach. Naives Christentum oder eine rein skeptische Grundhaltung befriedigen ihn nicht. Protestantischer Verantwortungsethik verhaftet, sieht er sich lebend in seinen Vor- und Nachfahren. Er sucht weiter nach letzten Wahrheiten.

Thomas' Reflexion von Tod und Leben

Thomas vernachlässigt zunehmend seine Pflichten, im Sommer 1874 besucht er während der Arbeitszeit öfters seinen Garten, starrt ins Leere, wünscht, vor seinem Ende noch alles ordnen zu können. Er erinnert sich an ein schon lange nicht in der Hand gehaltenes Werk des Philosophen Schopenhauer. Er liest fasziniert, dass hier das Leiden an der Welt als berechtigt angesehen wird. Besonders bei der glühenden, rauschhaften Lektüre des Kapitels über den Tod fühlt er sich innerlich erweitert. Vieles fasst er nicht, doch nie hat er ein solch intensives Gefühl erfahren. Sein Rausch ist durch die Erkenntnis bedingt, dass Individualität nur Täuschung ist, der Tod die glückliche Auflösung des Gefängnisses des Ichs bedeutet. Angesichts unendlicher Gegenwart gibt es keine Tradition, keine Geschichte. Die Frage, ob Hanno der richtige Erbe der Firma ist, verblasst gegenüber der Befreiung vom Ich zum Es durch den Tod.

Thomas' Schopenhauer-Erlebnis

Am nächsten Tag hat ihn der Alltag der Bürgerschaftsversammlung wieder. Niemals wieder liest er im Werk Schopenhauers. Er bringt die irdischen Dinge in Ordnung und macht sein Testament.

X, 6: Da der Arzt Thomas zu einer Kur rät, fährt er im Spätsommer zusammen mit dem aus gesundheitlichen Gründen nicht mehr arbeitenden Christian für einige Wochen nach Travemünde. Nur noch wenige Gäste halten sich hier auf, so z.B. auch einige andere Senatoren, deren Geschäfte nicht so gut gehen. In den Gesprächen mit ihnen beklagt Thomas den Stil- und Niveauverlust, den Demokratisierung mit sich bringe. Tony besucht ab

Kur in Travemünde

Gleichmut der Wellen

und zu ihren Bruder und verweilt an den Stätten, die sie einst mit Morten aufgesucht hat. Thomas liebt nun die Weite des Meeres und den Gleichmut der Wellen.

Sturz in eine Pfütze

X, 7: Im Januar 1875 verlässt Thomas verfrüht eine Senatsversammlung. Wegen unerträglicher Zahnschmerzen sucht der Senator einen Zahnarzt auf. Dieser kann ihm trotz des Ziehens eines Zahnes wenig helfen. Auf dem Weg nach Hause bricht Thomas auf einem Fahrdamm zusammen und fällt bewusstlos in eine Pfütze.

Tod von Thomas

X, 8: Thomas, der nur noch gurgelnde Laute von sich gibt, wird zu seiner Familie gebracht. Hanno bleibt die ganze Nacht bei seinem Vater. Nachdem Thomas verstorben ist, weint Tony laut und denkt dann schnell an vornehm zu druckende Todesanzeigen. Christian kommt an das Sterbebett und beneidet den Bruder um dessen Tod. Für Tony ist nun alles aus.

Trauerfeierlichkeiten

Anna am Totenbett

X, 9: Unzählige Kondolenzbesuche folgen. Kränze werden in das Haus geschickt, viele angefertigt von dem Blumenladen der Iwersens gegenüber dem Haus an der Fischergrube. Dem Wunsch von Frau Iwersen, den aufgebahrten Senator zu sehen, entspricht Tony. Bei der Beerdigung ehrt die ganze Stadt den Toten. Eine Kompanie Soldaten mit Leutnant von Throta an der Spitze salutiert, als der Sarg das Haus verlässt.

Teil XI: 1876–1877

➟ Thomas hat die Auflösung der Firma testamentarisch verfügt. ➟ Ungeschickte Verkaufstaktiken führen zu weiteren finanziellen Verlusten. ➟ Aline Puvogel lässt ihren Ehemann Christian in eine psychiatrische Anstalt einweisen. ➟ Hanno leidet an sinnlosem und autoritärem Schulunterricht. ➟ Sein Tod durch Typhus wird durch eine Art Lexikonartikel über Typhus signalisiert. ➟ Die überlebenden Frauen der Familie und die alte Internatsleiterin Sesemi Weichbrodt treffen sich. Gerda kehrt nach Amsterdam zurück; die anderen verabreden sich zur wöchentlichen Lesung der Familienpapiere.	Teil XI: Hannos Tod Überleben der Frauen

Vollstreckung des Testaments

XI, 1. Inzwischen sind auch andere Mitglieder der Familie Buddenbrook gestorben, so z. B. die Witwe Gottholds. Nach dem Tod von Thomas wird der Weinhändler Kistenmaker zum Vormund Hannos und zum Verwalter des Buddenbrook'schen Vermögens. Auch soll er das Testament vollstrecken. Thomas' letzter Wille ist der Verkauf der Firma. Das Haus wird trotz der Proteste Tonys, die nun erst recht einen weiteren Prestigeverlust befürchtet, veräußert. Im Herbst 1876 wird eine neue kleine Villa erworben, in die Gerda mit Hanno und ihren Dienstboten zieht. Tony erzählt Hanno vom vergangenen Glanz der Familie. Christian, der nun Aline Puvogel geheiratet hat, wird von Wahnideen verfolgt und kommt in eine Anstalt.

Verkauf des Hauses

Christian in psychiatrischer Anstalt

XI, 2: Hanno erfährt nach dem Besuch einer Aufführung von Wagners Oper *Lohengrin* die Schule als Gegensatz zur Ekstase der Musik. Hat die Musik ihn Rausch und Schauer erleben lassen, fürchtet er die schulischen Qualen am nächsten Tag nach der Aufführung. Beinahe verschläft er. Doch es gelingt ihm, am Unterricht teilzunehmen. Insgesamt erscheint Hanno die Schule als autoritäre, menschenverachtende und sinnlose Wissensfragmente vermittelnde Institution. Die Schüler durchschauen das System und passen sich an. Die Lehrer sind launisch und ungerecht. Auch passt Hannos

Hannos Faszination von Wagners Musik

Hannos Leiden an der Schule

Karikatur der Lehrer

weiches Wesen nicht in die von preußischen Idealen wie Macht und Männlichkeit geprägte Schule. Einzig sein Freund Kai, der dieselbe Klasse besucht und ebenfalls von den Klassenkameraden verspottet wird, versteht ihn.

Als Hanno, erschöpft durch den Besuch des *Lohengrin* am Vorabend und durch die bereits erfolgreich überstandenen ersten Unterrichtsstunden dieses Tages, in Englisch nicht viel weiß, erhält er einen Tadel mit der Konsequenz, dass die nächste Versetzung nun unmöglich ist.

Hannos Klavierspiel von Sehnsucht und Auflösung getragen

Hanno fürchtet sich vor der Zukunft, auch die Musik scheint ihm keine Perspektive mehr zu sein. Kai versucht, Hannos Verzweiflung zu lindern und warnt ihn davor, weiter Klavier zu spielen. Als Hanno an diesem Schultag nach Hause kommt, spielt er erst mit der Mutter Beethoven, dann setzt er sich noch alleine an den Flügel, er genießt es, eine eigene Melodie mit dem Durchziehen eines Motivs weiterzuentwickeln. Seine Musik ist von Sehnsucht und Auflösung getragen, ein Fest für ihn. Nach Mitternacht geht er zu Bett in dem Wissen, am nächsten Morgen wieder um 5.30 Uhr aufzustehen und zur Schule zu müssen.

Typhus

XI, 3: Dieses Kapitel beinhaltet einen sachlichen Abriss über die Entwicklung von Typhus von den ersten seelischen Anzeichen wie Verstimmung und Verzweiflung bis zu den körperlichen Symptomen wie Schwäche und rote Flecken. Der unter Umständen tödliche Verlauf der Krankheit wird skizziert.

Nach Hannos Tod: Rückkehr Gerdas nach Amsterdam

XI, 4: Hanno ist seit sechs Monaten tot. Gerda, die nun Ehemann und Sohn verloren hat, kehrt nach Amsterdam zurück. Die Damen Buddenbrook (Tony mit Tochter und Enkelin, die drei Töchter Gottholds, die Cousine Klothilde) treffen sich in Gerdas Villa, um Gerda zu verabschieden. Auch diese Villa muss nun verkauft werden.

Verkauf der Villa

Tony, jetzt fünfzig Jahre alt, möchte den Rest der Familie zusammenhalten. Die Damen erinnern sich an Hannos letzten Tag. Sein Freund Kai ist zu Besuch gekommen und hat dem Sterbenden viele Male die Hände geküsst.

Trost Sesemis für die überlebenden Frauen der Familie

Mit der Hoffnung, dass alle sich nach dem Tode wiedersehen, tröstet die alte Lehrerin Sesemi Weichbrodt die überlebenden Frauen der Familie Buddenbrook.

Zentrale Figuren

Zu den zentralen Figuren gehören Tony und die männlichen Familienmitglieder, teilweise mit ihren Ehepartnern. Auch Kontrastfiguren wie Morten oder Anna werden berücksichtigt. Diese Figuren werden in Hinblick auf ihre Position im System der Korrespondenz von Verfall und Sensibilität analysiert.

Haupt- und Kontrastfiguren, Stellung im System von Verfall und Sensibilität

Die erste Generation

Johann Buddenbrook der Ältere

Johann Buddenbrook der Ältere

- Kluger Geschäftssinn, Tatkraft.
- Trauer über den Tod der ersten geliebten Frau bei der Geburt des Sohnes Gotthold.
- Vernunftehe mit zweiter Frau.
- Vom Geist der Aufklärung beeinflusst.
- Skepsis gegenüber Religion, Ablehnung der Schwärmereien seines Sohnes.
- Wenig Reflexion über sein Leben.
- Tod im hohen Alter im Kreis der Familie.

Freundliche Erscheinung

Zu Beginn des Romans ist Johann Buddenbrook (1765–1842) siebzig Jahre alt. Sein rundes, rosiges Gesicht und seine behagliche Kleidung lassen ihn freundlich erscheinen. Er hat das Handelshaus von seinem Vater übernommen. Durch geschicktes Agieren als Getreide-Heereslieferant für Preußen konnte er das geerbte Vermögen erweitern. Der energische und optimistische Unternehmer ist dem Geist der Aufklärung verhaftet. Symbol dieser Haltung ist z.B., dass er zur Unterhaltung Flöte, dem bevorzugten Instrument von Aufklärung und Rokoko, spielt. Auch seine gepuderte Perücke, seine Vorliebe für französische Redewendungen, versetzt mit niederdeutschen Ausdrücken, wie z.B. im Romananfang, und für Parkanlagen, sind in diesem Zusammenhang zu verstehen. Seiner Tatkraft ent-

Erweiterung des Vermögens

Geist der Aufklärung

spricht, dass er sich Napoleon zum Vorbild erwählt hat. Als aufgeklärter Mann ist er jenseits der Grenzen seiner Stadt gereist, ist aber Fremden gegenüber nicht ganz aufgeschlossen, so z.B. gegenüber Mamsell Ida Jungmann (12). Religion bewertet der protestantische Kaufmann skeptisch, er benutzt eher aus Gründen der Konvention christliche Floskeln.

Tatkraft, Napoleon als Vorbild

Seine geliebte erste Frau Josephine ist bei der Geburt des Sohnes Gotthold gestorben. Dieser Sohn ist ihm seitdem verhasst. Mit seiner zweiten Frau Antoinette, geb. Duchamps, ist er eine Vernunftehe eingegangen. Sie haben zwei Kinder, eine Tochter und den Sohn Johann, genannt Jean.

Tod der ersten Frau bei Geburt von Gotthold, Hass auf diesen Sohn

Johanns Geschäftssinn dominiert auch die Ablehnung von Gottholds Forderungen bzgl. seines Erbanteils. Da Gotthold zudem unter seinem Stand geheiratet hat, bleibt Johann trotz der Zweifel seines Sohnes Jean bei seinem Entschluss, Gotthold kein Geld zu geben.

Geschäftssinn, Ablehnung der Forderungen Gottholds

Johann der Ältere ist ein typischer Buddenbrook: er besitzt die „weiße, ein wenig zu kurze aber feingegliederte Hand der Buddenbrooks“ (43), doch er bleibt rüstig bis zu seinem Tode. Das patriarchalische Familienoberhaupt wird mit 77 Jahren älter als alle seine männlichen Nachfolger in der Familie. Er stirbt ein halbes Jahr nach dem Tod seiner Frau im Kreis der Seinen. Kurz vor seinem Tod fängt er an, sein Leben zu reflektieren. Dieses Nachdenken mündet aber immer nur in einem Wort: „Kurios“ (70). Weitere Versuche des Verstehens seines Lebens bleiben aus.

Tod im hohen Alter

Speicher der Familie Mann, Lübeck 1873, © Wikimedia Foundation Inc. (Garitzko), St. Petersburg FL

Die zweite Generation

Gotthold

➞ Ausbruch aus der Konvention durch Liebesheirat. ➞ Vom Vater gehasst, nicht in die Familie der Buddenbrooks integriert. ➞ Versöhnung durch Neffen Thomas, der ihm den Titel des Konsuls abtritt. ➞ Drei unverheiratete Töchter. ➞ Lebenskampf um finanzielle Gerechtigkeit. ➞ Aus der Sicht von Thomas: Trotz, zu geringer Ehrgeiz, um Ideale umzusetzen und die Firma zu stärken.	Gottholds problematisches Leben

Johanns ältester Sohn ist Gotthold. Bei dessen Geburt im Jahre 1794 stirbt die junge Mutter Josephine, die erste Frau Johanns. Sein Vater hasst ihn deswegen ein Leben lang, hat in ihm „nie etwas anderes, als den ruchlosen Zerstörer seines Glückes erblickt" (55). Gotthold ist das schwarze Schaf dieser Generation. Er entschließt sich zu einer Liebesheirat unter seinem Standesniveau mit der Demoiselle Stüwing. Aus dieser Ehe entstammen drei unverheiratet bleibende Töchter.

Vergebliche finanzielle Ansprüche an die Familie

Gotthold erhebt vergeblich Ansprüche auf seinen Erbanteil nach dem Bau des neuen Hauses an der Mengstraße. Sowohl sein Vater als auch der Stiefbruder Johann der Jüngere weisen sie mit einem Hinweis auf die nicht standesgemäße Ehe zurück. Als er letztlich doch eine Abfindung erhält, wird er Inhaber der Leinenhandlung seines Schwiegervaters. Nach dem Tod seines Vaters und dem damit verbundenen Erbe setzt er sich zur Ruhe und versöhnt sich mit seinem Neffen Thomas. Dieser verzichtet zugunsten von Gotthold zunächst auf den Titel des Konsuls.

Versöhnung mit Neffen Thomas, wird dadurch Konsul

In dieser Zeit wird Gotthold als klein, beleibt, mit kurzen Beinen, aschblonden Koteletten und weichlichen Zügen ausgestattet geschildert.

Tod mit sechzig Jahren

Als Gotthold mit sechzig Jahren an einer Herzattacke in den Armen seiner Frau stirbt, bilanziert Thomas dessen Leben, in dem trotz der Heirat aus Liebe die Kraft und der Ehrgeiz zur Rebellion und zur Poesie gefehlt habe:

Bewertung von Thomas: zu wenig Kraft, Ehrgeiz, Phantasie

> Obgleich du trotzig warst und wohl glaubtest, dieser Trotz sei etwas Idealistisches, besaß dein Geist wenig Schwungkraft, wenig Phantasie, wenig von dem Idealismus, der jemanden befähigt (...) irgend ein abstraktes Gut, einen alten Namen, ein Firmenschild zu hegen, zu pflegen (...) Wußtest du nicht, daß man auch in einer kleinen Stadt ein großer Mann sein kann? (275f.).

Johann der Jüngere (Jean)

Johann der Jüngere (Jean): Religion und Geschäftssinn	
	➟ Träumerischer, religiöser und gefühlvoller als sein Vater Johann der Ältere. ➟ Einfluss durch Pietismus. ➟ Dominanz des Geschäftssinns bzgl. der Erbstreitigkeit mit Gotthold. ➟ Leugnen eigener Verantwortung durch Hinweis, dass alles in Gottes Händen liege. ➟ Mangelnde Menschenkenntnis in Bezug auf Grünlich. ➟ Zunehmende Frömmeleien, Kränklichkeiten und ein früher, einsamer Tod. ➟ Im Sinne Nietzsches ein durch Religion in seiner Handlungskraft geschwächter Mensch.

Jeans Tod im Alter von 55 Jahren

Großer politischer Wirkungskreis

Dilemma zwischen Geschäftssinn und christlicher Haltung bzgl. der Abfindung Gottholds

Von nun an geht's bergab: Schon Jean, der Sohn von Johann dem Älteren und dessen zweiter Frau Antoinette, geb. Duchamps, lebt nicht mehr so lange. Er wird nur ca. 55 Jahre alt. Als Konsul wirkt er politisch, ist fortschrittlich, tritt für die Reform des Postwesens und den Beitritt zum Zollverein ein. Später jedoch ist er gegen das allgemeine Wahlrecht und plädiert für das ständische Prinzip. In der Erbstreitfrage mit seinem Stiefbruder Gotthold befindet er sich zunächst in einem Dilemma.Doch letztlich ist er gegen dessen Abfindung trotz seines christlich schlechten Gewissens und seines Familiensinns. Familie und geschäftlicher Erfolg hängen für ihn zusammen:

> Es sollte kein heimlicher Riß durch das Gebäude laufen, das wir mit Gottes gnädiger Hilfe errichtet haben ... Eine Familie muß einig sein, muß zusammenhalten. Vater, sonst klopft das Übel an die Tür ... (48).

Aber er kann gar nicht mehr daran denken, den ererbten Reichtum zu vergrößern, es ist schon anstrengend genug, ihn zu halten. Als er sich an die Geschichte des Hauses an der Mengstraße und an dessen insolvent gewordene Erstbesitzer, an die Familie Ratenkamp, erinnert, schleichen sich ansatzweise erstmals Gedanken über einen möglichen Abstieg auch der eigenen Familie ein, „damit das Schicksal erfüllt würde" (23). Auch die Angst vor einem „Riß durch das Gebäude" ist schon eine Stufe in dem beginnenden Verfallsprozess.

Stagnation des Vermögens

Erste Ängste vor einem Abstieg

Als er anlässlich der Geburt seines vierten Kindes Clara in das Familienbuch schreibt und sich nach seiner Gattin sehnt, muss er sich für „sein unfrommes Gelüste" (52) durch Weiterschreiben züchtigen. Für die Rettung aus den ihm zugestoßenen Unfällen lobt er Gott überschwänglich.

Selbstzüchtigung

Schon in der Physiognomie wird eine Verfeinerung gegenüber dem Vater deutlich. Der Ausdruck der blauen Augen ist „vielleicht träumerischer" (9), die Wangen sind nicht mehr so voll, die Gesichtszüge sind ernster und schärfer. Und ernster ist auch seine Lebensführung. Beeinflusst vom Pietismus, einer protestantischen Bewegung, die das persönliche Empfinden Gottes und die praktische Tätigkeit in den Mittelpunkt rückt, wird er einerseits zu einem Mann der Verpflichtung der Firma gegenüber, andererseits aber auch zu einem zunehmend frömmelnden Menschen, dessen Tage durch Bibellesungen und Predigerbesuche strukturiert sind. Insbesondere Tony, aber auch zuvor schon sein Vater Johann, kritisieren diesen Lebenswandel.

Pietismus, zunehmende Frömmelei

„Arbeite, bete und spare" (174): Jean, der „mit zusammengebissenen Zähnen arbeitete" (75), ordnet seine Entscheidungen seiner puritanischen Gesinnung und damit seiner geschäftlichen Orientierung unter:

Pflicht und Disziplin

- die Geldheirat mit der lebenslustigen, mit einem Hang zum Luxus ausgestatteten Bethsy Kröger,
- die Verheiratung seiner Tochter Tony mit dem Betrüger Bendix Grünlich, bei der er sich auch durch die christliche Fassade Grünlichs täuschen lässt und den vermeintlich finanziellen Vorteil für die Familie sieht,

Beispiele der Unterordnung unter Pflicht

- das Ignorieren der Vorwürfe Tonys, die Grünlich schon vor der Hochzeit nicht traut,
- die Gleichgültigkeit gegenüber den Gefühlen Tonys (z. B. ihre Liebe zu Morten),
- Empörung über Christians Blumengeschenk für die Schauspielerin,
- die Ablehnung des Theaters im Gespräch mit Christian,
- die Mahnung an Thomas, riskante Geschäfte zu vermeiden,
- die Ablehnung neuer politischer Tendenzen wie das allgemeine Wahlrecht,
- die Dominanz der Arbeit, das protestantische Arbeitsethos,
- der hohe Wert der Sparsamkeit,
- die Bedeutung des wohlanständigen, nach außen erkennbaren Verhaltens, der Manieren, des *Dehors*.

Leutseliger Umgang mit der aufständischen Menge

Entsprechend sieht Jean in den politischen Unruhen in der Stadt nur eine „Kinderei" (182). Er beweist Mut, als er trotz der Warnungen seiner Frau zur Bürgerschaftssitzung geht. Er ist dort der Einzige, der mit den Aufständischen redet und damit deren Auflösung bewirkt, indem er leutselig und patriarchalisch einen seiner Hafenarbeiter als jemand hinstellt, der politisch keine Ahnung hat. „Die Menge fing an, sich in der allerbesten Laune zu zerstreuen" (192). Als Bollwerk gegen modernes Geschäftsgebaren gilt ihm der Leitsatz des Firmengründers, den er auch seinem Sohn Thomas weitergibt:

Leitsatz des Firmengründers

> sey mit Lust bey den Geschäften am Tage, aber mache nur solche, daß wir bey Nacht ruhig schlafen können (56; auch 174).

Unterordnung des Individuums unter allgemeingültige Pflicht

Insgesamt verlangt Konsul Jean eine Unterordnung des Individuums unter eine als allgemeingültig angesehene Pflicht. Er macht indirekt Tony für die erpresserische Selbstmorddrohung Grünlichs verantwortlich, die dieser ausspricht, nachdem er von ihrer Beziehung zu Morten erfahren hat. Durch seinen Hinweis auf die stolze Familientradition bewirkt er, dass Tony sich für Grünlich entscheidet. Er schreibt ihr nach Travemünde:

> Wir sind, meine liebe Tochter, nicht *dafür* geboren, was wir mit kurzsichtigen Augen für unser eigenes, kleines, persönliches Glück halten, denn wir sind nicht lose, unabhängige und für sich bestehende Einzelwesen, sondern wie Glieder in einer Kette, und wir wären, so wie wir sind, nicht denkbar ohne die Reihe derjenigen, die uns vorangingen und uns die Wege wiesen, indem sie ihrerseits mit Strenge und ohne nach Rechts und Links zu blicken, einer erprobten und ehrwürdigen Überlieferung folgten (146).

... wie Glieder in einer Kette

Als der Betrug des insolventen Grünlich deutlich wird, die Mitgift Tonys verbraucht ist und Tony sich von Grünlich trennt, verzichtet der Vater Jean auf rechtliche Schritte gegen den Betrüger, um einen öffentlichen Skandal zu verhindern. Er hält jedoch zu seiner Tochter und bewirkt deren Scheidung und bereut seine sich nicht richtig erweisenden Erkundigungen über die Vermögenslage Grünlichs vor der Ehe. Aber er fühlt sich nicht schuldig: „Ich glaube, meine Pflicht getan zu haben, indem ich mich bemühte, dir eine deiner Herkunft angemessene Existenz zu schaffen … Der Himmel hat es anders gewollt" (216).

Bereut die Fehleinschätzung Grünlichs, fühlt sich aber nicht schuldig, da es der Himmel anders gewollt hat

Als Jeans Schwiegermutter, Madame Kröger, stirbt, erbt seine Familie eine hohe Summe. Doch sieht er den langsamen Niedergang der Krögers und eine furchtsame Vorahnung bezüglich seiner eigenen Kinder befällt ihn, er „blickte mit desto ängstlicherer Erwartung auf seine eigenen Kinder" (237). Schon bei der Geburt seiner Tochter Clara registriert er, dass „dessen gelbe, runzlige Fingerchen eine verzweifelte Ähnlichkeit mit Hühnerklauen besaßen" (57).

Furchtsame Vorahnung bzgl. der Entwicklung der eigenen Kinder

Der Kränklichkeit und den damit verbundenen Kuren korrespondieren zunehmend „fromme Neigungen" (241) mit vielen, oft die gut gedeckte Tafel der Buddenbrooks ausnutzenden, Predigerbesuchen im Haus. An einem schwülen Sonntag im Spätsommer 1855 stirbt Jean allein in einem Zimmer. Die Familie wartet auf ihn, man möchte einen Ausflug unternehmen. Als das Gewitter losbricht, meldet ein Dienstmädchen den Tod von Johann – Jean – Buddenbrook.

Die dritte Generation

Die Geschehnisse um die dritte Generation, also um die vier Kinder von Johann dem Jüngeren und Bethsy, geb. Kröger, Tony, Thomas, Christian und Clara, werden im Roman am umfangreichsten dargestellt. Die ersten drei Kinder werden jeweils in einem Abstand von einem Jahr geboren, der Nachzögling Clara erst zehn Jahre nach Christian im Jahre 1838.

Tony (Antonie)

Tony: Vitalität und Naivität	➟ Attraktiv, optimistisch, kindlich, sich mit den Umständen arrangierend. ➟ Hält auf Familientradition, Hang zur Aristokratie und Vornehmheit, Aufgabe der Liebe zu Morten aufgrund der Dominanz ihres Familiensinns. ➟ Unrealistische Erwartungen an ihr Leben aufgrund ihrer Zugehörigkeit zu den Buddenbrooks. ➟ Akzeptanz ihres Schicksals. ➟ Ihre Naivität verhindert ein tieferes Verständnis des Lebenskampfes ihrer Brüder und ihres Neffen Hanno. ➟ Ständiger, wenn auch vergeblicher Kampf gegen den Verfall der Familie. ➟ Nach dem Tod der männlichen Buddenbrooks will sie die Familientradition durch wöchentliche Lektüre des Familienbuches aufrechterhalten.

Tonys Sonderstellung: Umklammerung der Romanhandlung

Tony ist die älteste Tochter unter den Geschwistern. Sie ist diejenige, die die ganze Romanhandlung umklammert. Ganz zu Beginn des Romans tritt sie als Achtjährige auf. Der Roman beginnt und endet mit ihren Fragen. Am Ende des Romans, sie ist nun fünfzig Jahre alt, bleibt sie, inzwischen zweifach geschieden, als zentrale Überlebende der Familie der Buddenbrooks zurück.

Attraktivität und Übermut

Schon zu Romananfang wird sie bei der Katechismusabfrage mit ihrem „hübschen Blondkopf" (7) und den graublauen Augen in ihrer Lebendigkeit charakterisiert. Ihre Neigung zu „Müßiggang und Übermut" (13) durchzieht ihr ganzes Leben. Als Kind und Jugendliche ist sie zu Scherzen aufgelegt. Tony ist standesbewusst, spielt gerne Ärmeren einen Streich und hält sehr auf die Familienehre.

> Sie ging in der Stadt wie eine kleine Königin umher, die sich das gute Recht vorbehält, freundlich oder grausam zu sein, je nach Geschmack und Laune (64).

Internat

Sie muss in das Internat zu Sesemi Weichbrodt, weil sie gegen die Regeln für eine höhere Tochter verstößt und mit einem Jungen anbandelt. Ihr Leben lang bleibt sie für Männer attraktiv, so z. B. auch für einen Pastor und für einen Oberen der Kirchenhierarchie in München (307). Ansonsten jedoch ist sie sehr konventionell eingestellt, sie bewundert im Internat adlige Schülerinnen. Auch als ihr später Morten das Attribut „adlig" zuspricht, lehnt sie dies nicht ab. Ihren Hang zum Luxus hat sie von ihrer Mutter Bethsy und damit aus der Familie Kröger. Aber sie besitzt auch eine Sensibilität gegenüber den Mitmenschen. Als Grünlich um sie wirbt, bemerkt sie mehr als alle anderen, die sie auch aus Geldgründen verheiraten möchten, dessen scheinbar christliche Fassade.

Hang zu Luxus und Aristokratie

Aufgabe der Liebe zu Morten

Während der Zeit an der Ostsee verliebt sie sich in Morten, einen Studenten der Medizin aus nicht standesgemäßem Hause. Sie steht zunächst zu ihren Gefühlen, nimmt einige Fragmente politischen Freiheitswillens auf, die sie ihr Leben lang zitieren wird, ohne entsprechende Konsequenzen zu ziehen. Als der Vater sie bittet, nicht mehr die „eignen, unordentlichen Pfade zu gehen" (147), entschließt sie sich zur Heirat mit dem für sie schon fast ekligen und lächerlichen Grünlich.

Dominanz des Familiensinns

Als sie mit Ehrfurcht ihre Biografie im Familienbuch liest und das Gefühl persönlicher Wichtigkeit in ihr erwächst, entscheidet sie sich zur Vernunftehe.

> Gerade als Glied dieser Kette war sie von hoher und verantwortungsvoller Bedeutung, – berufen, mit Tat und Entschluß an der Geschichte ihrer Familie mitzuarbeiten! (158).

Beharren auf Standeskonvention und Vornehmheit

Doch diese Mitarbeit kann sich für sie fast nur auf die Wahrung standesgemäßer Äußerlichkeiten beziehen. Hier entwickelt sie viel Energie. Als sie sich von dem Betrüger Grünlich scheiden lässt, wieder ins Elternhaus zurückkehrt, bleibt ihr nur, das neue Haus von Thomas und Gerda vornehm zu gestalten. Ihre Vorliebe für die Kategorie der Vornehmheit zeigt, dass sie nicht zu vertiefter Reflexion wie ihr Bruder Thomas fähig ist.

Permaneder befriedigt Tonys gesellschaftlichen Ehrgeiz nicht

Auch ihre zweite Ehe mit dem Münchner Gemütsmenschen Permaneder scheitert. Er befriedigt ihren gesellschaftlichen Ehrgeiz nicht, als er sich mit ihrem Geld zur Ruhe setzt. Er ist nicht gerade vornehm, trinkt Bier und gestattet sich einen Seitensprung mit dem Personal. Als Thomas sie damit trösten will, dass von dieser Untreue niemand erfahren werde und es somit keinen Skandal gebe, antwortet sie:

> Sind wir Buddenbrooks Leute, die nach außen hin ‚tip-top' sein wollen, wie ihr hier immer sagt, und zwischen unseren vier Wänden dafür Demütigungen hinunterwürgen? (384f.).

Doch vermutlich ist es nicht nur Permaneder, vor dem sie fliehen will, sondern auch das katholische München, der disziplinierte Norden ist ihr doch lieber.

Irrige Hoffnung, durch Heirat ihrer Tochter Kompensation des eigenen Unglücks zu finden

Trotz ihrer Energie gelingt ihr das Leben wenig; die gemeinsame Tochter mit dem Bayern stirbt bei der Geburt. Sie hofft jedoch, dass ihre Tochter Erika aus der Ehe mit Grünlich sie für ihre Missgeschicke ausgleichen wird. Doch sie irrt auch hier – Erika erfährt das gleiche Schicksal, auch sie heiratet einen Betrüger. Weinschenk bleibt nach dem Gefängnisaufenthalt verschollen. Wieder ist es nichts mit dem standesgemäßen Leben. Als die repräsentativen Häuser der Buddenbrooks verkauft werden, ist sie jeweils sehr enttäuscht und verbindet besonders beim Verkauf des von Thomas errichteten Prunkbaus das Ende ihres Lebens. Aber auch hier ist sie letztlich unbeugsam.

Akzeptanz des Schicksals

Sie bleibt mit einem „beinahe drolligen Stolz" (369) kindlich, versucht zu repräsentieren, hat ihren Anteil an den finanziellen Verlusten der Familie und akzeptiert aufgrund ihres Familiensinnes ihr Schicksal als gegeben und unveränderlich. Als Grünlich ihr die Neigung zum Luxus vorwirft, antwortet sie: „So bin ich einmal." Und der Erzähler fährt fort:

> Ihr ausgeprägter Familiensinn entfremdete sie nahezu den Begriffen des freien Willens und der Selbstbestimmung und machte, daß sie mit einem beinahe fatalistischen Gleichmut ihre Eigenschaften feststellte und anerkannte ... ohne

> Unterschied und ohne den Versuch, sie zu korrigieren. Sie war, ohne es selbst zu wissen, der Meinung, daß jede Eigenschaft, gleichviel welcher Art, ein Erbstück, eine Familientradition bedeute und folglich etwas Ehrwürdiges sei, wovor man in jedem Falle Respekt haben müsse (203).

Tatkräftiges Arrangieren mit den Umständen

Ihre unrealistischen Erwartungen, die sie aufgrund ihrer Zugehörigkeit zu den Buddenbrooks hat, machen ihr Unglück aus. Doch sie versucht sich immer wieder mit den veränderten Umständen zu arrangieren. Nach dem Tod des von ihr verehrten Bruders Thomas genießt sie als letzte repräsentative, vornehme Feierlichkeit die Trauerzeremonie im Hause Buddenbrook.

Naivität und Vitalität

Einerseits verhindert ihr Familiensinn, ihre Liebe zu Morten auszuleben, andererseits gibt die Familie ihr einen Sinn im Dasein. Ihre Gefühle unterdrückend, hart und grausam gegen sich und andere zu sein, alles in den Dienst der Firma (so auch ihre Scheidung von Grünlich) zu stellen, aber auch die Fähigkeit besitzend, über ihre Schmerzen und Verwundungen zu reden, überlebt sie. Als Thomas stirbt, weint sie laut, „gab sich rückhaltlos und ohne irgend etwas in sich zu dämpfen und zu unterdrücken, einem dieser erfrischenden Gefühlsausbrüche hin, die ihrer glücklichen Natur zu Gebote standen" (685 f.). „Und darum hatte sie auch gar nichts an ihrer Vergangenheit zu tragen" (671). Kurz vor seinem Tode charakterisiert ihr Bruder Thomas sie. Da ihr Schicksal allgemein als schweres anerkannt war, „nutzte sie es aus, indem sie damit prahlte und mit gewaltig ernsthafter Miene darüber redete" (671). Sie kämpft naiv, mit großer Vitalität und letztlich vergeblich um den Erhalt von Firma und Familie, ohne den Lebenskampf ihrer Brüder und ihres Neffen Hanno zu verstehen. Sie sieht sich selbst als „eine vom Leben gestählte Frau" (683).

Unverständnis für den Lebenskampf ihrer Brüder und Hannos

Kampf gegen den Verfall der Familie durch wöchentliche Lektüre des Familienbuchs

Als die männlichen Buddenbrooks gestorben sind und Christian in einer Anstalt untergebracht ist, bleibt sie – immer noch hübsch anzusehen – mit ihrer klagenden geschiedenen Tochter Erika, den unverheirateten Töchtern Gottholds, der ärmlichen Cousine Klothilde und der alten Internatsleiterin zurück. Aber ungebrochen hält sie an der Familientradition fest und plant, einmal in der Woche ein Treffen mit diesen Damen zu veranstalten, bei dem aus dem Familienbuch vorgelesen wird. Die letzte indirekte Frage, die sie stellt, gilt der Möglichkeit eines Wiedersehens mit den toten Mitgliedern der Familie.

Christian

Christian: Nervosität und Exaltiertheit	
	→ Kränkliches Aussehen: hagere Wangen, magere Beine. → Leiden (Hypochondrie, Nervenleiden, Todessehnsucht, Stimmungsschwankungen). → Dandytum als Kompensation der Schwächen. → Freude am eigenen und am fremden Leiden. → Zwang zur Selbstbeobachtung. → Berufliches und privates Scheitern – er wird von seiner Ehefrau in einer psychiatrischen Anstalt untergebracht. → Exaltiertheit, Liebe zum Theater und zur Selbstdarstellung.

Thomas und Christian als Einheit

Christian soll als der jüngere der beiden Brüder hier zunächst in seinen Grundzügen vorgestellt werden. In der Darstellung der Streitgespräche mit seinem Bruder Thomas wird er nochmals im Sinne von Thomas Mann als die verborgene Seite des Bruders charakterisiert.

Zwiespältiger Charakter

Christian ist einerseits unkonventionell, intelligent, unterhaltend, weit gereist bis Chile; andererseits beruflich erfolglos, undiszipliniert, an nicht genau erkennbaren Krankheiten leidend, taktlos, mit wenig Willenskraft ausgestattet. Sein schauspielerisches Talent wird schon zu Romanbeginn vom Großvater ambivalent bewertet: „'N Aap is hei!" (15). Für ihn charakteristisch sind die hageren Wangen und seine wenig harmonische Gestalt. Christian parodiert in der Schulzeit seine Lehrer, hat Freude an der Zuspitzung von Sachverhalten, leidet aber auch an einer inneren Spannung, die wohl schon der Lehrer Stengel, den Christian nachahmt, entdeckt hat: „äußerlich bist du glatt und geleckt, ja, aber innerlich, mein gutes Kind, da bist du schwarz ..." (15). Sein Dandytum, seine Existenz als Lebemann, als Suitier überspielt die Schattenseiten seines Daseins.

Schon als Kind wechselt Christians Stimmung jäh vom exaltierten Nachahmen zu einer körperlichen Krise; manchmal ist die Grenze zwischen Spielen eines Leidens und Erleiden eines Leidens für den Leser, aber vermutlich auch für Christian selbst verwischt. Als er sich als Junge den Magen verdorben hat, ist ihm „verdammt übel“. Der Erzähler kommentiert: „Das starke Wort schien ihm geradezu Linderung zu bereiten, mit solcher Inbrunst stieß er es hervor“ (35). Bei Christian ist also die Fähigkeit zur Schauspielerei, zur Darstellung schon als Kind ausgeprägt. Doch auch hier gelingt ihm nicht die ernsthafte Auseinandersetzung, z. B. mit dem Ziel, Schauspieler zu werden. Christian verehrt schon früh eine Schauspielerin, liebt das Theater, gibt eigene Vorstellungen im „Klub“, heiratet die Lebedame Aline Puvogel, die ihn aufgrund seiner sich steigernden Exaltiertheit in eine psychiatrische Anstalt einweisen lässt. Er braucht ein Publikum, das ihm zuhört und applaudiert. Doch die Aufmerksamkeit füllt ihn nicht aus, jäh kippt sein Verhalten vom Unterhaltungskünstler zum Leidenden. Da er sehr auf die Zeichen seines Körpers achtet, findet er keine Befriedigung in Auseinandersetzungen, sei es beruflich – seine eigene Firma in Hamburg löst er schnell auf -, sei es in Bezug auf seine Theaterbesuche, welche Stücke er z. B. besucht, was diese in ihm bewirken, erfährt der Leser nicht. Überall bleibt er Dilettant.

Hang zur Hypochondrie

Verhindertes Künstlertum

Liebe zum Theater

Zwang zur Selbstbeobachtung

Als er sich endlich entschließt, sesshaft zu werden, eine Familie zu gründen, kann er seine bürgerlichen Träume nicht mehr ausleben. Seine aus zwielichtigem Milieu stammende Gattin Aline Puvogel lässt ihn in eine psychiatrische Anstalt einsperren An Aline hat er gerade das bewundert, was ihm fehlt: Gesundheit und Vitalität. Er hingegen stirbt nicht einmal richtig, sondern wird weggesperrt. Aline und ihre Kinder, ob Christian der Vater des dritten Kindes ist, bleibt ungewiss, leben vom Geld der Buddenbrooks.

Thomas (Tom)

Thomas	
	➟ Zunächst erfolgreicher Geschäftsmann und Politiker, wird zum Senator gewählt. ➟ Konstitutionelle Schwäche (gelbliche Zähne, Lungenleiden). ➟ Innere Notwendigkeit der Abwehr des liederlichen Bruders Christian. ➟ Aufgeben der frühen, unstandesgemäßen Beziehung zu der Blumenhändlerin Anna. ➟ Heirat mit Gerda; ihre Fremdheit und ihr Reichtum wirken auf ihn anziehend. ➟ Unverständnis der musikalischen Neigung von Gerda und seinem Sohn Hanno. ➟ Leiden an zunehmender Depression; Aufrechterhalten der Fassade mit großer Willenskraft; Rastlosigkeit; Maske des Bürgers. ➟ Liebe zur Literatur der schwarzen Romantik.

Polarität von Disziplin und Erschöpfung

Thomas, der älteste Sohn von Jean und damit Erbe der Firma, ist die komplexeste Figur des Romans. Sämtliche Aspekte des Romans bündeln sich in ihm, insbesondere die Polarität von Selbstdisziplin und Erschöpfung. Er verkörpert das Prinzip der Reflexion und ist nur in Zusammenhang mit seinem vermeintlichen Gegenbild, seinem Bruder Christian, zu verstehen.

Gelbliche Zähne

Zu Beginn des Romans wird Thomas als „solider und ernster Kopf" dem launenhaften „Tausendsassa" (14f.) Christian gegenübergestellt. Dem Neunjährigen wird eine Zukunft als Kaufmann prophezeit. Er hat ein angenehmes Verhalten, eine fein geschnittene Nase, ähnelt seinem Großvater Johann senior, doch seine Zähne sind „klein und gelblich" (16). Mit sechzehn Jahren tritt er in die Firma – „Er war mit Hingebung bei der Sache" (75) – ein, deren Leitung er nach dem Tode des Vaters zusammen mit einem Prokuristen als knapp Dreißigjähriger übernimmt.

Wirtschaftliche und politische Erfolge: Senator und Konsul

Zunächst ist er geschäftlich erfolgreicher als sein Vater. Er arbeitet mit großer Disziplin. Als Senator, d.h. als Mitglied der Stadtregierung, kann er auch noch mehr als sein Vater beeinflussen wie z.B. die Einführung der Gasbeleuchtung in der Stadt, die Zugverbindung nach Hamburg und den Beitritt zum Zollverein. Den Titel des Kon-

suls überlässt er nach dem Tode des Vaters zum Zwecke des Familienfriedens dem Stiefbruder Gotthold. Als dieser stirbt, wird Thomas auch Konsul.
Aus Gründen der Familientradition rät der Zwanzigjährige wie sein Vater Tony zur Heirat mit dem von ihr ungeliebten Grünlich: „Wenn du übrigens den Hagenströms die Waagschale halten willst, so solltest du doch Grünlich heiraten!“ (117).

Abbruch der Beziehung zu Anna

Thomas hat in dieser Zeit eine heimliche Beziehung zu der Blumenhändlerin Anna. Bevor er nach Amsterdam zur Intensivierung seiner kaufmännischen Kenntnisse geht, bricht er die für ihn sozial unverträgliche Beziehung ab.
In Amsterdam lernt er seine künftige Frau kennen, die geigende, exotische Millionärstochter Gerda Arnoldsen, eine ehemalige Internatskameradin seiner Schwester Tony. Thomas ist auf der einen Seite in dieser Phase der erfolgreiche, ehrgeizige, häufig unzufriedene Kaufmann.

Rastlosigkeit

Sein rastloses Treiben führt auch dazu, dass er sich ein neues, prunkvolles Haus an der Fischergrube baut. Ein Jahr zuvor wird er mit 36 Jahren gegen den Konkurrenten Hagenström zum Senator gewählt. Doch stößt er auch an Grenzen, er kann wegen seiner fehlenden akademischen Ausbildung nicht Bürgermeister werden.
Es zeigen sich auch schon andere Seiten wie z. B. die Verehrung für die kalte und morbide Schönheit Gerda, das Leiden an der zunehmenden Entfremdung von der musikalischen Ehefrau und von dem sensiblen Sohn Hanno, der zunehmende Zwang zur absolut korrekten und modischen Kleidung, die literarischen Vorlieben für schwarze Romantiker wie Edgar Allan Poe und satirische Erzähler. Die elegante Erscheinung des jungen Mannes täuscht kaum über dessen schwache körperliche Verfassung hinweg:

> Aber das bläuliche, allzu sichtbare Geäder an seinen schmalen Schläfen, von denen das Haar in zwei Einbuchtungen zurücktrat, sowie eine leichte Neigung zum Schüttelfrost, die der gute Doktor Grabow vergebens bekämpfte, deutete an, daß seine Konstitution nicht besonders kräftig war (235).

Abkehr vom Firmenethos

Thomas, innerlich zunehmend verunsichert, versucht, angestachelt von seiner Schwester Tony, die Stagnation der Firma durch eine waghalsige Methode aufzuheben: er wettet nun auf die „Ernte auf dem Halm“. Doch die Ernte wird im wahrsten Sinn des Wortes verhagelt, er schließt mit Verlusten ab. Hier zeigt sich die Abkehr von dem kaufmännischen Motto des Firmengründers.

Kompensation innerer Leere durch Zwang zur akkuraten Kleidung

Auch durch andere Maßnahmen kann er den Abstieg der Firma nicht aufhalten. Er versucht immer mehr die Rolle des Kaufmanns zu spielen. Durch den Zwang zur akkuraten Kleidung, für die er täglich immer mehr Zeit braucht, versucht er die innere Leere zu kompensieren.

Der Versuch, die schwindende Energie durch immer mehr Rastlosigkeit auszugleichen, scheitert beruflich und privat. Die Beziehung zu seinem Sohn Hanno ist meist von Unverständnis geprägt. Die Musik, die durch Gerda, deren vielleicht nicht nur musikalischen Gefährten, den Leutnant von Throta, durch Hanno und dessen Klavierlehrer in sein Haus einzieht, bleibt ihm fremd. Vier Wochen nach dem Einzug in das neue Haus ist seine Schwester Clara todkrank. Dazu kommt noch ein geschäftlicher Misserfolg. Thomas fühlt schon 1864 den nahen Abstieg und erinnert sich an ein türkisches Sprichwort: „Wenn das Haus fertig ist, so kommt der Tod“ (430). Er ahnt also schon seinen Selbstbetrug durch übersteigerte Aktivität, hält gleichzeitig aber an großer Selbstdisziplin fest:

Kein Zugang zur Musik

> Glück und Erfolg sind in uns. Wir müssen sie halten: fest, tief. Sowie hier drinnen etwas nachzulassen beginnt, sich abzuspannen, müde zu werden, alsbald wird alles frei um uns her, widerstrebt, rebelliert, entzieht sich unserem Einfluß … Dann kommt eines zum andern, Schlappe folgt auf Schlappe, und man ist fertig (430).

Abgrenzung gegen Christian

Auf den ersten Blick ist Thomas seinem Bruder Christian sehr unähnlich. Dennoch durchzieht sein ganzes Leben der Wunsch nach der Abgrenzung zu Christian. Er kämpft mit immer weniger Erfolg gegen eigene innere Tendenzen an, die er mit seinem Bruder gemeinsam hat und die er ablehnt. Dieser Kampf trägt auch zu seiner Erschöpfung bei. Im Alter von 48 Jahren fühlt er sich „unaussprechlich müde und verdrossen“ (610), weiß, dass er den Höhepunkt seines Lebens schon überschritten hat, leidet an den ihm – trotz seiner autodidaktisch erworbenen Bildung – gezogenen Grenzen politischen Wirkens.

> In ihm war es leer, und er sah keinen anregenden Plan und keine fesselnde Arbeit (...) Sein Tätigkeitstrieb aber, die Unfähigkeit seines Kopfes, zu ruhen, seine Aktivität, die stets etwas gründlich Anderes gewesen war, als die natürliche und durable Arbeitslust seiner Väter: etwas Künstliches nämlich, ein Drang seiner Nerven, ein Betäubungsmittel im Grunde (...) Er war gehetzt von fünfhundert nichtswürdigen Bagatellen, die zum großen Teil nur die Instandhaltung seines Hauses und seiner Toilette betrafen .... (612).

Hyperaktivität als Droge gegen Depression

In der Stadt wird Thomas schon zum Gespött wegen seiner als maßlos erscheinenden Eitelkeit. Den Mitbürgern ist nicht klar, dass der Senator auf diesem Wege versucht, seine Depression, einhergehend mit zunehmendem Konzentrationsverlust, zu bekämpfen. Hier zeigt sich die Nähe zu Christians „Nervenschwäche". Thomas' Arbeitswut ist also nicht mehr von einem Leistungsethos getragen, sondern ist etwas Künstliches, eine Droge zur Beruhigung. Schon mit 12 Jahren überspielt er mit „einer unaufhörlichen Willensanstrengung" (466) seine Mattheit mit einer Maske. Auch die Neigung zum Schauspielen wird bei Thomas immer mehr offenbar – er spielt nur noch seine öffentliche Rolle:

> Thomas Buddenbrooks Dasein war kein anderes mehr, als das eines Schauspielers, eines solchen aber, dessen ganzes Leben bis auf die geringste und alltäglichste Kleinigkeit zu einer einzigen Produktion geworden ist, einer Produktion, die mit Ausnahme einiger weniger und kurzer Stunden des Alleinseins und der Abspannung beständig alle Kräfte in Anspruch nimmt und verzehrt ... (614).

Spieler seiner Rolle als einziger Ausweg

Der inneren Verödung soll die inszenierte Repräsentation abhelfen. Doch es kostet Thomas' ganze Kraft, „daß jedes Wort, jede Bewegung, jede geringste Aktion unter Menschen zu einer anstrengenden und aufreibenden Schauspielerei geworden war" (615).

Zunehmende Ähnlichkeit mit seinem Bruder

Nun wird Thomas seinem Bruder immer ähnlicher. Von Beginn des Romans an repräsentieren die Brüder Vorstufen des Verfalls, der in Hanno seinen Schlusspunkt findet.

Symmetrie der Brüder – Streitgespräche

Spiegelbild der Brüder	
	➟ Aggressiver Wettstreit, wer von beiden zuerst sterbe. ➟ Christians Disziplinlosigkeit als Gefahr für Thomas, daher ermöglicht Thomas ihm den Umzug nach Hamburg. ➟ Thomas' gesamte disziplinierte Lebensführung als Reaktion auf die Gefährdung durch Christians Wesen. ➟ Spiegelbildliche Ergänzung der beiden Brüder.

Erstes Streitgespräch

Spiegelbildliche Ergänzung der Brüder

Dass die Brüder sich spiegelbildlich ergänzen, zeigt sich in ihren Streitgesprächen. Im Mai 1857 (VI, 3) kommt es zu einer heftigen Auseinandersetzung zwischen den Brüdern. Thomas wirft Christian vor, im Klub in einer Gesellschaft von Kaufleuten und Gelehrten die Ehre der Firma verletzt zu haben und zwar mit der Äußerung:

> Eigentlich und bei Lichte besehen sei doch jeder Geschäftsmann ein Gauner (317).

Entladen der Wut von Thomas

Die Antwort Christians, dies sei „Spaß" gewesen, kann Thomas nicht akzeptieren. Der Konkurrent Hagenström nutze diese Nestbeschmutzung aus, befürchtet Thomas und beklagt heftig Christians Narreteien und Bummelei, dessen Hypochondrie und Geschwätzigkeit. Zornig erregt untersagt er ihm, das Büro der Firma zu betreten. Er schreit: „Du bist ein Auswuchs, eine ungesunde Stelle am Körper unserer Familie!" (320), am liebsten würde er ihn aus dem Haus werfen. „Eine lange aufgespeicherte Menge von Wut entlud sich ..." (320). Christian führt an, dass er bislang Selbstständigkeit bei seinen Geschäften vermisse. Thomas gibt ihm die erforderliche Summe, damit er in Hamburg als Teilhaber ein eigenes Geschäft aufbauen kann. Dass Thomas schreit, dass er unkontrolliert seinen Bruder beschimpft, lässt sich als Abwehr eigener Tendenzen nach Passivität verstehen. So kann er seinem Bruder auch nur noch Floskeln der Konvention entgegenhalten: „Man hat doch seinen Stolz" (320).

Versuch der Abwehr: Unterstützung von Christians Plan, in Hamburg eine Firma zu gründen

Christian ist in Hamburg erst einmal weit weg, er bzw. Thomas' dunkle, abgespaltene Eigenschaften, die er symbolisch verkörpert, können nicht mehr gefährlich werden. Vier Jahre später geht Christian, der seine Firma wieder aufgegeben hat, nach London. Die Abwehr von Thomas hält also noch.

Zweites Streitgespräch

Doch vierzehn Jahre später (1871) zeigt sich im zweiten Streitgespräch zwischen den Brüdern anlässlich der Verteilung des Erbes nach dem Tod der Mutter der Kern ihrer lebenslangen Auseinandersetzung. Christian ist nun 43 Jahre alt, sein zwei Jahre älterer Bruder hat seit neun Jahren das Amt des Senators inne. Als Christian glaubt, bei der Aufteilung des Nachlasses zu kurz zu kommen – Thomas meint, er habe als Junggeselle keine Verwendung für ein Speiseservice und Wäsche – erklärt er, dass er bald heiraten möchte und nun, da die Mutter tot ist, es auch umsetzen könne. Als klar wird, dass Christian die Mutter seiner unehelichen Tochter, die Lebedame Aline Puvogel, ehelichen will, kommt es zum Eklat. Thomas gerät außer sich, schreit seinen Bruder an. Die Schwester Tony und Thomas' Frau werden Zeugen des Streits. Tony versucht immer wieder, auf die aufgebahrte Mutter im Nebenzimmer hinzuweisen. Wieder wirft der Ältere dem Jüngeren Taktlosigkeit vor. Christian insistiert auf seiner Freiheit, doch Thomas will ihm – so verfügt das Testament der Mutter – nicht sein Erbe auszahlen, sondern er will als Verwalter des Geldes seinem Bruder nur eine monatliche Summe auszahlen. Nun eskaliert das Gespräch, die gegenseitigen Vorwürfe steigern sich. Auf Christians Klage, Thomas sei ihm gegenüber immer lieblos gewesen, folgt ein fast absurd erscheinender Streit, wer von beiden der Kränkere sei. Als Thomas zu bedenken gibt, dass er kränker sein könnte als Christian, zählt dieser seine Qualen wie Gelenkrheumatismus und zu kurze Nerven auf. Der erbitterte Wettstreit gipfelt in der Frage, „wer von uns beiden früher stirbt" (579). Als Thomas dieses für sich beansprucht, zeigt Christian auch andere Gefühle, so z. B. dass er ihn, den Egoisten, liebe und dass er Haltung, Würde, Taktgefühl des Bruders nicht mehr ertragen könne. Daraufhin sinkt Thomas in sich zusammen, es kommt zu seinem zentralen Eingeständnis:

Eskalation

Streit: Wer stirbt zuerst?

Christians Wesen als Gefahr für Thomas

> Ich bin geworden wie ich bin (...) weil ich nicht werden wollte wie du. Wenn ich dich innerlich gemieden habe, so geschah es, weil ich mich vor dir hüten muß, weil dein Sein und Wesen eine Gefahr für mich ist ... ich spreche die Wahrheit (580).

Wunsch, Christian aufgrund seines Heiratsplanes mit Aline Puvogel zu vernichten

Nach diesem Bekenntnis gewinnt Thomas wieder die Kontrolle über sich und spricht in „befestigtem Tone" mit Christian über dessen Heiratspläne. Doch als er erfährt, dass im Falle eines Todes von Christian dessen Buddenbrook'sches Erbteil an die „Courtisane" (581) Aline Puvogel und ihre Kinder gehe, kann Thomas nur noch versuchen, dieses zu verhindern. Über die Maßen ist er erregt, und in absoluter und drohender Diktion spricht er sein Verbot aus:

> Solange ich über der Erde bin, geschieht dies nicht (...) Ich lasse dich für kindisch erklären, ich lasse dich einsperren, ich mache dich zunichte! Zunichte! (581).

Die Brüder verletzen sich weiterhin verbal in einem „beklagenswerten Wortstreit ohne ein eigentliches Thema" (581).

Letztlich geht es wieder um eine Auseinandersetzung über den Wesensunterschied der Brüder. Christian, der nun unabhängig von Standesschranken eine Frau heiraten möchte, ist auch hier ein Gegenbild zu Thomas, für den klar ist, dass seine Jugendliebe zu Anna aus Gründen der Konvention beendet werden musste.

Gerdas Nähe zu Christian

Gerda bleibt in dieser Situation eher unbeteiligt, allein ihr Mienenspiel verrät eine ironische Distanz zum Geschehen. Gerda, die sich auch mit Christian gut versteht, hatte schon zuvor Zweifel an der Bürgerlichkeit ihres Mannes (451).

Pfütze und philosophischer Rausch – der Tod von Thomas

→ Philosophische Ekstase: Schopenhauers Lehre von der Täuschung der Welt der Erscheinungen befreit ihn vom Leiden an seiner Individualität. → Hoffnung auf ein Weiterleben in einem überpersönlichen Bereich (Schopenhauer) und in einem starken Knaben (Nietzsche), Hanno muss nicht sein Fortleben garantieren. → Aus Scham nur kurze Reflexion, dann Rückkehr zum Glauben der Kindheit. → Bei schmerzhaften Zahnproblemen kann ihm ein Zahnarzt nicht sofort helfen. → Einen Sturz in Schneematsch und in eine Pfütze überlebt er nicht. → Kontraste verschärfen die Abwärtsbewegung des Senators: akkurat angezogen liegt Thomas blutend in Schnee und Kot; in den Stunden vor dem Tod wird er von Schwester Leandra gepflegt; Hanno wacht bei ihm die ganze Zeit.	Thomas: Schopenhauer – Erlebnis und Tod

Begegnung von Thomas und Hanno

Immer mehr versucht Thomas, seine Schwäche zu verbergen. Das für ihn nicht einzuordnende Verhältnis seiner Frau Gerda zu Leutnant von Throta quält ihn. Doch hier kommt es zur einzigen richtigen Begegnung zwischen Thomas und seinem Sohn Hanno. Der feinfühlige Junge versteht die Leiden des Vaters, dessen Todesahnungen sich mit 48 Jahren weiter verdichten. „Man ist so fürchterlich allein" (651) gesteht er seinem Arzt, als dieser ihm die scharfen russischen Zigaretten verbieten will. Hanno möchte er noch viel, insbesondere Arbeitsdisziplin, auf den Lebensweg geben.

Einsamkeit

Metaphysisches Bedürfnis

In dieser Stimmung fängt er an, über den Tod zu grübeln. Die Haltungen seines frömmelnden Vaters und seines aufgeklärten Großvaters können ihm keine Stütze sein, er ist „zu geistreich und zu metaphysisch bedürftig" (652).

Ekstatische Schopenhauer-Lektüre

Scheinbar zufällig („halb gesucht, halb zufällig" 654) gibt es Hilfe in dieser Seelennot. Im heißen Sommer 1874 geht der Senator von seinem Büro wiederholt in den Garten. Dort in einem Pavillon hat er ein vor Jahren gekauftes, „schlecht geheftetes Werk" entdeckt. Der

Name des Autors – Schopenhauer – fällt hier nicht, aber aus dem angegebenen Titel eines Kapitels und dem Inhalt lässt sich der Autor erschließen. Vier Stunden liest er wie im Rausch, überwältigt von dem neuen Horizont, der sich ihm nun auftut. Er begreift nicht alles, aber was ihn bis zur Bereitschaft zum Tode berührt sind folgende, für ihn kaum erträgliche Gedanken:

- Berechtigung zum Leiden,
- Existenz als Irrtum,
- Ahnung einer Verheißung.

In der auf die Lektüre folgenden Nacht wacht Thomas auf, und er glaubt verstanden zu haben, was er gelesen hat. Aufgewühlt ruft er:

> *Ich werde leben!* (...) Es wird leben ... und daß dieses Es nicht ich bin, das ist nur eine Täuschung, das war nur ein Irrtum, den der Tod berichtigen wird (656).

Befreiende Erkenntnis: Individualität als Täuschung

Vom „Ich“ zum „Es“, von der ersten Person Singular zur dritten Person Neutrum, von der Individualität zu einem entindividualisierten Etwas, das ist das, was den Senator entlastet. So ist der Tod für ihn ein Glück, „die Korrektur eines schweren Fehlers“ (657). Es wird deutlich, wie Thomas sein Leben bislang verachtet hat, seinen Körper gehasst hat als „Hindernis, etwas Anderes und Besseres zu sein“ (657).

Der Senator sieht diese Einschränkung, dieses „Gefängnis“ (657) nicht nur als persönliches Problem, sondern als grundsätzliche menschliche Verfassung an. Gemäß der Lektüre des Textes von Schopenhauer sieht er sich als zufällige Materialisierung eines Willens an, der den Urgrund alles Seienden bildet. Er hadert mit seiner als zu eng empfundenen individuellen Erscheinungsweise. Darüber hinaus beklagt er die durch die Individualität hervorgerufene Abspaltung vom Willen und damit die Einsamkeit:

Sehnsucht nach Aufgabe seiner individuellen Erscheinungsweise

> Wer, was, wie könnte ich sein, wenn ich nicht ich wäre, wenn diese meine persönliche Erscheinung mich nicht abschlösse und mein Bewußtsein von dem aller derer trennte, die nicht ich sind! Organismus! Blinde, unbedachte, bedauerliche Eruption des drängenden Willens! (657).

Und nun folgt der ihn besonders befreiende Gedanke, dass er nicht in seinem schwächlichen Sohn weiterlebe, sondern in einem gesünderen und fröhlicheren. Seine Hoffnungen werden nun von Idealen geprägt, die eher der Philosophie Nietzsches entspringen:

Hoffnung, in einem starken Knaben weiterzuleben

Einfluss Nietzsches

> Irgendwo in der Welt wächst ein Knabe auf, gut ausgerüstet und wohlgelungen, begabt, seine Fähigkeiten zu entwickeln, gerade gewachsen und ungetrübt, rein, grausam und munter (...) Das ist mein Sohn. *Das bin ich,* bald .... bald ... (658).

Thomas gesteht, dass er das Leben geliebt habe, „dies reine, grausame und starke Leben“. Vom Tod erhofft er sich, bei den Glücklichen und Starken sein zu können „... bei und in euch Allen!“ (658).

Liebe zum reinen und grausamen Leben

Erschüttert von dieser Einsicht, weint er hemmungslos, glücklich vom süßen Schmerz. Er fühlt sich befreit, öffnet sich, fühlt sich in der Lage, die Welt zu durchdringen, und erkennt die Täuschungen des Daseins. Er nimmt kurz den Schleier von der Vielfalt der Erscheinungen und er begreift die Nichtigkeit von Zeit und Raum und damit auch diejenige der Grenzen seiner Vaterstadt, die Unwichtigkeit von Tradition, die Irrelevanz seiner Angst vor Abstieg und Verfall. Nach diesem geistigen Ausbruch schläft er mit der Gewissheit „Ich werde leben!“ (659) ein.

Einsicht in die Irrelevanz von Zeit und Raum, von Tradition und Verfall

Vom philosophischen Exzess ist am nächsten Tag nichts mehr zu merken, Thomas schämt sich fast seines gedanklichen Ausflugs. Niemals wieder liest er Schopenhauer – er kehrt wieder zu dem Glauben seiner Kindheit mit der Vorstellung des jüngsten Gerichtes zurück. Er grübelt über christliche Fragen und macht sein Testament. Der Stellenwert der Philosophie und deren rauschhafte Erhöhung werden mehrfach ironisiert: durch die Rückkehr in die kindliche Vorstellungswelt der Religion, durch Rückkehr zu Verwaltung und Alltag (Testament) und später durch den durch Zahnprobleme und Sturz auf eine schmutzige Straße bedingten Tod.

Scham über seine Erkenntnis, Rückkehr zum Kindheitsglauben

Ironisierung der Philosophie

Als der Arzt Thomas im Herbst 1874 zu einer Kur rät, kommt es zu einer fast versöhnlichen Reise mit seinem Bruder Christian, der auch immer mehr an seinen nervösen Krankheiten leidet und z. B. den Drang verspürt, aus einem Fenster zu springen.

Thomas beklagt das Sinken des gesellschaftlichen Niveaus und des Stilgefühls, die Demokratisierung. Regenwetter und träge Gespräche mit anderen Kurgästen tragen zur weiteren Sehnsucht nach dem Tode bei. „Ich mag gar nicht mehr auf der Welt sein" (669), äußert auch Christian. Beim Anblick des Meeres liebt Thomas den Gleichmut, den „lähmenden Fatalismus" der Wellen. Dies ist für ihn ein Zeichen von Krankheit; der gesunde, der Starke jedoch liebt die Berge, „um seine Lebenskraft zu erproben" (672). Auch hier zeigt sich der Einfluss Nietzsches.

Liebe zum Fatalismus der Wellen als Zeichen sich steigernder Erschöpfung

Im Januar 1875 leidet der Senator an Zahnschmerzen. Ein Zahnarzt kann ihm nicht helfen, kündigt aber an, vier Zahnwurzeln ziehen zu müssen. Auf dem Weg nach Hause wird Thomas übel, er stürzt in den Schneematsch der Straße, in eine Pfütze.

Sturz in eine Pfütze

> Er war aufs Gesicht gefallen, unter dem sofort eine Blutlache sich auszubreiten begann. Sein Hut rollte ein Stück des Fahrdammes hinunter. Sein Pelz war mit Kot und Schneewasser bespritzt. Seine Hände, in den weißen Glacéhandschuhen, lagen ausgestreckt in einer Pfütze (680).

Tod durch Zahnprobleme?

Bewusstlos wird er noch nach Hause getragen. Er kann nur noch gurgelnde Laute von sich geben. Kurze Zeit später stirbt er. „An einem Zahne", so das Gerücht in der Stadt, sei er gestorben. Der Erzähler kommentiert: „Aber, zum Donnerwetter, daran starb man doch nicht! (...) Aber das war nun gleich, es war seine Angelegenheit" (689).

Größer kann ein Kontrast kaum sein: weiße Handschuhe und Kot, eine Blutlache im Schnee. Thomas' stete Abwärtsbewegung ist zu ihrem Ende gekommen, bejaht seit seiner rauschhaften philosophischen Erfahrung. Doch sein Sturz symbolisiert die völlige Vereinzelung und Auflösung, wenn nicht in den Wellen des Meeres, so doch im Schmutzwasser einer Pfütze.

Diesem Tod folgt noch das letzte herrschaftliche Fest im Haus der Buddenbrooks, die vornehmen Trauerfeierlichkeiten. Thomas Mann charakterisiert später das Leben von Thomas Buddenbrook als modernes Heldenleben (Thomas Mann, Selbstkommentare, S. 37).

Clara

Der Nachzögling Clara, das vierte Kind von Johann dem Jüngeren und Bethsy, ist von geringer Lebenskraft. Clara stirbt mit ca. 26 Jahren an Gehirntuberkulose.

Früher Tod

Ihr Leben ist von strenger Religiosität geprägt. Sie zieht sich gerne zurück und verweigert sich dem Plan, einen Kaufmann zu heiraten. Trotz ihres abweisenden Wesens wirbt Pastor Tiburtius um sie. Doch nach ihrem Tod erweist sich der Pastor als Erbschleicher.

Kompensation der Schwäche durch Religion

Die vierte Generation

Hierzu zählen die Kinder von Tony, Christian und Thomas. Tony schenkt zwei Töchtern das Leben. Erika ist das Kind aus der Ehe mit Grünlich. Das zweite Kind, aus der Ehe mit Permaneder, stirbt kurz nach der Geburt. Christians Frau Aline Puvogel bringt bereits zwei Kinder in die Ehe; ob der Vater des dritten, eines Mädchens namens Gisela, tatsächlich Christian ist, bleibt ungewiss. Zentrale Funktion im Gesamtzusammenhang des Romans besitzt Hanno, der einzige Sohn von Thomas und Gerda.

Hanno, Erika, Gisela

Erika

Erika erfährt dasselbe Schicksal wie ihre Mutter Tony. Sie führt eine unglückliche Ehe mit einem Betrüger, der nach dem Gefängnisaufenthalt verschollen bleibt. Sie lebt glücklos mit ihrer Mutter und ihrer Tochter Elisabeth zusammen.

Elisabeth, die fünfte Generation, eine Randfigur

Elisabeth, 1868 geboren, der jüngste Sproß der Familie Buddenbrook, bleibt eine in nur wenigen Zeilen erwähnte Randfigur. Als Frau kann sie weder den Namen der Buddenbrooks weitergeben noch die Leitung der Firma übernehmen.

Aussterben der männlichen Erbfolge

Hanno

Hanno, der *Verfallsprinz*	
	→ Schmaler Körperbau, häufig krank, bläuliche Schatten unter den Augen. → Außenseiter, Schule als gehasste verlogene Institution, die das Prinzip der Stärke und des Lebens verkörpert; Freundschaft zu dem literarisch begabten Kai. → Liebe zur Musik, eigene Improvisationen im Stile Wagners, Versagen bei Spielen vor Publikum, Kunstproduktion für ihn keine mögliche Lebensperspektive. → Musik als erregender und erlösender Rausch. → Tod im Jugendalter, der früheste Tod aller männlichen Buddenbrooks. → Tod durch Typhus: der schrecklichste Tod aller Buddenbrooks, Typhus als Nervenkrankheit.

Hannos Tod besiegelt die Abwärtsbewegung

Hanno wird in den letzten vier Teilen des Romans viel Platz eingeräumt. Er bringt als Sechzehnjähriger mit seinem frühen Tod die stete Abwärtsbewegung der Familie zum Stillstand. Der Autor charakterisiert ihn mehrfach als kleinen Verfallsprinzen (z. B. Thomas Mann. Selbstkommentare, S. 132).

Kränkelnde und sensible Existenz

Wie sein Vater leidet Hanno an Zahnproblemen. Doch ist dies nicht seine einzige körperliche Schwäche. Schon seine schwere Geburt 1861 deutet auf eine kränkelnde und damit sensible Existenz hin. In seinen nächtlichen Angstattacken, seinen Herzanfällen und Magenbeschwerden, in seiner nervösen Befindlichkeit, seiner Abwehr von Disziplin, äußeren Anforderungen und einer Zukunft als Kaufmann bündeln sich all die Schwächen seiner Vorfahren. Gleichzeitig ist er derjenige, der in seiner Liebe zur Musik von allen Buddenbrooks die größte Nähe zur künstlerischen Befriedigung erfährt. Doch auch er ist trotz anfänglicher Kompositionsversuche als Kind und Jugendlicher nicht fähig, einen produktiv künstlerischen Lebensweg einzuschlagen. Seine Erfahrungen aufgrund seiner gesundheitlich gefährdeten Existenz (Diagnose: Mangel an roten Blutkörperchen) befähigen ihn zu scharfen Beobachtungen, aber auch zur Altklugheit.

Liebe zur Musik
Unfähigkeit zum künstlerischen Lebensweg

Hanno wird auf den Namen seiner Vorväter, auf Johann, getauft, in der Hoffnung, dass der Stammhalter die Familientradition und die Firma weiterführt. Doch die Hoffnung trügt. Er entwickelt sich nur langsam. Besonders deutlich wird dies, als zum Entsetzen seines Vaters Hanno im Familienbuch sorgfältig einen Strich unter seinen Namen und damit unter das ganze „genealogische Gewimmel“ (523) zieht. „Ich glaubte ... ich glaubte ... es käme nichts mehr ...“ (524) führt der Knabe zu seiner Rechtfertigung an. Und so ist es in der Tat, was die männliche Generationenfolge angeht. Schon äußerlich fällt die Weichheit Hannos auf: seine langen hellen Locken, seine träumerischen goldbraunen Augen, seine zarten Glieder, seine bläulichen Schatten um die Augen, seine schmalen, mädchenhaften Arme. So sticht er in der Schulzeit „stets ein wenig fremdartig unter den hellblonden und stahlblauäugigen, skandinavischen Typen seiner Kameraden hervor“ (620).

Glaube an das Ende der Familie: Strich im Familienbuch

Zartheit, bläuliche Schatten

Fremdartig bleibt er überall, wo es nicht um Musik und Theater geht. Aber auch wenn er – trotz seiner Affinität zur Dichtung – vor Publikum in der Familie ein Gedicht aufsagen soll, versagt er. Nur wenn er alleine ist, kann er etwas vortragen. Hanno ist ein Einzelgänger. Doch er besitzt seit den ersten Schultagen einen Freund, „ein Kind von vornehmer Herkunft, aber gänzlich verwahrlostem Äußeren, ein Graf Mölln mit dem Vornamen Kai“ (516). Er stammt aus verarmten Landadel. Der scheue Erstklässler Hanno erkennt sofort einen sensiblen Bruder im Geiste. Kai ist ebenso künstlerisch begabt und erzählt selbsterfundene Geschichten. Ihre Seelenverwandtschaft hat ihre Basis in der Kunst. Doch Kai überwindet Missstände des Daseins wie z. B. in der Schule mit Humor und hat die Kraft zum Schreiben. Als Hanno im Sterben liegt, erkennt er nur noch Kai, der ihm „unaufhörlich beide Hände geküsst“ hat (758).

Einzelgänger

Freundschaft mit Kai

Hannos Hang zur Morbidität wird deutlich, als er bei seiner toten aufgebahrten Großmutter steht, leicht abgestoßen ist und dennoch einen Duft verspürt, „jenen fremden und doch so seltsam vertrauten Duft, den die Wolken von Blumengerüchen nicht immer zu übertäuben vermochten“ (588f.).

Hang zur Morbidität

Liebe zum Meer

Als Hanno zur Regeneration im Jahre 1872 vier Wochen im Sommer in Travemünde verbringt, erfährt er seine glücklichste Zeit. Nicht nur, dass die Schule hier nicht bedrohlich wirkt, sondern auch die Abgeschiedenheit des Bades und die Stille der morgendlichen See entzücken ihn. Er genießt die leichte Ordnung des Kurbetriebs, insbesondere liebt er es am Strand zu sein und auf das Meer zu schauen. Sein Vater erhoffte sich von diesem Aufenthalt ein Erstarken des Sohnes, aber dessen Herz „war durch diese vier Wochen voll Meeresandacht und eingehegtem Frieden nur noch viel weicher, verwöhnter, träumerischer, empfindlicher geworden“ (636).

Beziehung zum Vater

Zu seinem Vater kann er nur dann eine gelingende Beziehung aufbauen, wenn dieser in existenziellen Nöten ist, z. B. wenn er seine Ängste in Bezug auf Gerdas Verhältnis zu Leutnant von Throta äußert und später sein Testament schreibt. Doch als der Vater tot ist, grimassiert Hanno und lacht laut, als er Anzeigen zum Tode des Vaters schreibt. Ein kurioser Name hat ihn wohl zum Lachen gereizt (688).

Hanno und die Liebe zu Musik und Theater

Frühe musikalische Neigung

Wenn Musik ertönt, wenn theatralische Momente dazu kommen, dann blüht der Knabe auf. Die musikalischen Fähigkeiten entwickeln sich schon früh. Schon als Siebenjähriger spielt er auf dem Klavier nach Gehör. Seine ebenso musikalische Mutter Gerda engagiert einen Musiklehrer für Hanno, Herrn Pfühl, einen Kirchenorganisten. Dieser lehnt zunächst Gerdas musikalischen Favoriten Richard Wagner völlig ab. Er befürchtet, dessen ruchlose Musik, insbesondere aus der Oper *Tristan und Isolde,* könne den Knaben „vergiften“ (499). Gerda erkennt, dass alle Buddenbrook'schen Hände zum Klavierspiel taugen – aber „sie haben noch niemals Gewicht darauf gelegt“ (501). Still und leidenschaftlich lernt der Knabe schnell. Musik tröstet ihn über die schulische Ödnis hinweg. An seinem achten Geburtstag spielt Hanno, bleich und hingebungsvoll, zusammen mit seiner Mutter der Familie die erste kleine eigene Komposition vor, deren theatralischen Schluss der Klavierlehrer zunächst moniert hat. Doch dieser Schluss ist für Hanno wichtig,

Musik als Gegengewicht zur Schule

musikalisch verweigert gerade dieses dissonante Ende die Auflösung, denn der Junge rätselt über das Wesen eines befriedigenden Schlusses, die Auflösung seines spannungsreichen Musikstücks: eine Auflösung wäre

Musik: Auflösung von Spannung

> Ein Glück ohne gleichen, eine Genugtuung von überschwänglicher Süßigkeit. Der Friede! Die Seligkeit! Das Himmelreich! (506f.).

Aber noch wichtiger als die orgiastische Auflösung ist deren Verweigerung.

Spiel mit der Verweigerung der Erlösung

> Noch ein letztes, allerletztes Auskosten dieser drängenden und treibenden Sehnsucht, dieser Begierde des ganzen Wesens, dieser äußersten und krampfhaften Anspannung des Willens, der sich dennoch die Erfüllung und Erlösung noch verweigerte, weil er wußte: Das Glück ist nur ein Augenblick ... (507).

Hannos Papiertheater © Buddenbrookhaus, Lübeck

Rausch der Auflösung

Oper und Puppentheater

Als Hanno zum Ende des Stücks kommt, lässt die Anspannung nach. Beseligt und mit einem fast schmerzlichen Lächeln genießt er den Rausch der Auf- und Erlösung. Als Hanno zum Weihnachtsfest 1870 ein Puppentheater, ein Harmonium und ein Buch über griechische Mythologie beschert wird, ist er glücklich. Hanno hatte zuvor als Belohnung für einen überstandenen Zahnarztbesuch eine Aufführung von Beethovens Oper *Fidelio* im Stadttheater besuchen dürfen, die in ihm die Liebe zum Theater und zur Oper geweckt hat.

Oper: ein rauschhaftes Erbeben

Mit großer Freude erkennt Hanno, dass die Bühne seines Puppentheaters mit dem Bühnenbild des letzten Aktes einschließlich Personal von *Fidelio* dekoriert ist. Für weitere Zahnarztbesuche entlohnt ihn die Mutter mit einem Besuch von Wagners Oper *Lohengrin*. Auch hier erfährt Hanno einen Rausch, ein Erschauern und Erbeben, so dass ihm der Kopf fiebert. Umso schwerer ist die Einsicht zu ertragen, am Montag wieder in die Schule zu müssen. „Man glaubt an keinen Montag, wenn man am Sonntag Abend den ‚Lohengrin' hören soll ..." (701).

Kontrast Oper – Schule

Hanno in der Schule

Entlarvung des autoritären Systems

Das berühmt gewordene Kapitel über einen Vormittag in der Schule schildert aus der Sicht Hannos die Leiden an einem stumpfsinnigen, autoritären und ungerechten System. Das gesamte zweite Kapitel des elften Teils (über fünfzig Seiten) ist der Darstellung eines Schulvormittags zu Beginn des Jahres 1877 gewidmet. „Dies war ein Tag aus dem Leben des kleinen Johann" (751).
Das Leiden an diesem Vormittag ist noch dadurch gesteigert, dass der fünfzehnjährige Hanno am Sonntagabend zuvor *Lohengrin* sehen und hören durfte. Umso schwerer ist es dann, am Montag aufzustehen, denn er hat geschlafen, „so tief und tot, wie man schläft, wenn man niemals wieder erwachen möchte" (702). Zwei Monate später ist Hanno tot.

Schule als Prinzip des Lebens

Schule symbolisiert den Gegenpol zur Kunst, vertritt das Prinzip des Lebens mit seinen Anforderungen. Hanno kann und will diesen nicht genügen. Entsprechend nimmt er die Lehrpersonen mit den sprechenden Namen wie *Marotzke und Mühsam* wahr. Hanno erwartet voller Angst Katastrophen im Unterricht. Brechreiz und Übelkeit begleiten die Schulstunden. Wenn er etwas vortragen soll, kann er nichts formulieren. Die Mitschüler, von Kai „das Volk" (711) genannt, arrangieren sich mit dem System und pfuschen – bis auf die Ausnahme des Strebers Todtenhaupt – erfolgreich. Einen schwachen Lehrer, den Referendar Modersohn, liebt Hanno. Die Mitschüler jedoch verachten ihn. Sie werden aus der Perspektive von Hanno als „von rechtschaffener Konstitution, stark und tüchtig für das Leben" (733) charakterisiert. Hanno kann sich weder mit den Anforderungen der Schule abfinden noch hat er die Kraft, sich dagegen wehren zu können. Er durchschaut die Spielregeln, die er nicht gutheißen kann, da sie auf Täuschung beruhen.

Thomas Mann betont ein Jahr nach Erscheinen des Romans, dass die viel diskutierte Darstellung der Schule aus der Sicht des kleinen Hanno formuliert ist und den Gegensatz zwischen „der scheuen *Lebensunfähigkeit* dieses nervös-künstlerischen Individuums und dem Leben wie es ist und wie es in Gestalt der Schule dem jungen Menschen zuerst entgegentritt" darstellt. Was sich auch als Satire auf den wilhelminischen Schulbetrieb im preußischen Geiste lesen lässt, sieht der Autor differenzierter:

> Die Schule, als Vorbereitung für das Leben genommen, wie es ist, ist gut und richtig so, wie sie ist. Dies ist eine melancholische Wahrheit, aber es ist eine Wahrheit (Thomas Mann, Selbstkommentare, S. 22).

Hannos Tod

Todessehnsucht

Der todesmüde Hanno ekelt sich vor dem Lebenskampf, der zur Lüge zwingt. Vor der Erdkundestunde sagt er zu seinem einzigen Freund: „Ich möchte schlafen und nichts mehr wissen. Ich möchte sterben, Kai!" (743).

Erregung und Erschöpfung durch Musik

Als endlich die Schule aus ist, war der Nebel, der auf dem Weg zur Schule geherrscht hat, „zu Schnee geworden, der in großen, weichen Flocken herniedersank und sich in Kot verwandelte" (746). Als er nach Hause kommt, raucht er genauso wie sein Vater scharfe russische Zigaretten. Er setzt sich an den Flügel, spielt eine eigene Phantasie. Leitmotivisch variiert er eine Melodie in allen Klangschattierungen, eine gesteigerte Wiederholung der ersten Phantasie. Parallelen zu Wagners Musik von *Tristan und Isolde* sind nachweisbar. Hanno erfährt mehr als je durch die Musik einen Rausch, „etwas wie Glaube und Selbstaufgabe in dem fanatischen Kultus dieses Nichts (...) etwas Lasterhaftes in der Maßlosigkeit (...) und etwas cynisch Verzweifeltes, etwas wie Wille zu Wonne und Untergang in der Gier (...) bis zur Erschöpfung“ (750). Nach dem Spiel ist Hanno bleich, kraftlos, die Augen brennen. Ein letztes Mal hat er durch die an Wagner angelehnte Musik die Dialektik von Ekstase, höchster emotionaler Erregung und Untergang, Erlösung und Selbstaufgabe erfahren. Die Musik löst sich am Ende in Dur auf und erstirbt.

Letzter Versuch der Disziplinierung

Nach dem orgiastischen Erlebnis versucht Hanno sich zu disziplinieren. Er hat den Vorsatz, am nächsten Tag bereits um halb sechs Uhr aufzustehen, um Hausaufgaben zu machen. Doch das Todesmotiv der Musik klingt nach.

Hanno stirbt im Frühjahr desselben Jahres. Lakonisch, nüchtern besteht das nächste Kapitel lediglich aus einem Lexikonartikel zu Typhus, den der Autor in Bezug auf die emotionalen Wirkungen der Krankheit intensiviert hat. Der Verlauf der Krankheit, die Symptome und insbesondere die psychische Verfassung werden detailliert geschildert. Da Hanno vor „Furcht und Abneigung bei der Stimme des Lebens“ (754) nicht reagiert, muss er sterben.

Tod durch Typhus

Der Prozess seines Sterbens wird jedoch ausgeklammert. Der Leser erfährt erst bei der Vorbereitung der Beerdigung von dessen Tod. Typhus gilt in der Medizin um 1900 als Nervenkrankheit. So ist Hannos früher Tod als Symbol zunehmender Nervenschwächung der Buddenbrooks zu verstehen.

Ehepartner

→ Beschleunigung des Verfallsprozesses durch die Wahl der Ehepartner. → Verstärkung der Eigentümlichkeiten der Buddenbrooks durch Kontrastfiguren. → Symbolische Funktionen der Nebenfiguren im Kontext des Romans.	Funktion der Kontrast- und Nebenfiguren

Geld und Konvention als Basis der Ehe

Bei fast allen Ehepartnern spielt die Mitgift und damit die Möglichkeit, die Familie der Buddenbrooks zu stärken, eine große Rolle. Standeskonvention zählt mehr als Liebe (Ausnahmen: Gotthold und erste Ehe Johanns des Älteren). Auch in den Ehepartnern spiegelt sich die Thematik des Verfalls, sie sind entweder nicht standesgemäß, betrügerisch oder von innerer Kälte.

Ehepartner: Spiegel des Verfalls

Antoinette, geb. Duchamps, zweite Frau von Johann dem Älteren

angesehen, aristokratisch

- aus einer angesehenen Familie, Bruder ist Senator in Hamburg,
- Geldheirat, Ehe von gegenseitigem Respekt getragen,
- fast aristokratische Repräsentationsweisen,
- stirbt nach vierzehntägiger Krankheit.

Konsulin Bethsy, geb. Kröger

elegant, vital, im Alter religiös

- elegant wie alle aus der Familie Kröger,
- kann ihren Wunsch nach einem zusätzlichen Diener durchsetzen, vital,
- von Fassade Grünlichs und Tiburtius' beeindruckt,
- konventionell, konservativ, im Alter wie ihr Gatte religiös,
- will Familie zusammenhalten,
- wochenlanger Todeskampf, Tod im Kreis der Familie im Alter von 67 Jahren.

Gerda Arnoldsen

Künstlerin, Fremdheit, Wagner

- Typus der Künstlerin, kalt und rätselhaft faszinierend für ihren Ehemann Thomas,
- bringt die Musik Wagners in dic Familie und damit Rausch und Todessehnsucht,
- versucht die Anforderungen des Lebens zu vermeiden, schwere Geburt Hannos,
- kehrt nach dem Tod von Hanno nach Amsterdam zurück. Sie „nahm nichts mit und ging fort, wie sie gekommen war“ (757).

Bendix Grünlich

Betrüger

- der erste Mann Tonys, ein Betrüger,
- spielt übertrieben den christlichen Geschäftsmann, den mehrfach mit Selbstmord drohenden Liebhaber,
- spiegelt die brutalen Mechanismen der Geschäftswelt.

Alois Permaneder

Typus des gemütlichen Bayern

- der zweite Mann Tonys, ein gutmütiger Münchner mit Hang zur Trägheit,
- Gegenbild zum repräsentativen Ehrgeiz der Buddenbrooks.

Hugo Weinschenk

Emporkömmling; übliche, aber illegale Geschäftspraktiken

- der Mann von Tonys Tochter Erika, Versicherungsdirektor, nicht in der Lage, übliche illegale Geschäftspraktiken zu kaschieren,
- aus kleinen Verhältnissen emporgearbeitet, selfmade man ohne Takt und Umgangsformen,
- bleibt nach Gefängnisaufenthalt verschollen.

Sievert Tiburtius

- Pastor, Ehemann der früh verstorbenen Clara, erfreut sich an deren Erbe,
- hat Anteil an der finanziellen Schwächung der Familie Buddenbrook.

Kontrastfiguren

Morten Schwarzkopf

- verlässt die Grenzen seines Standes, Aufsteiger als künftiger Arzt, stammt aus einer warmherzigen Familie,
- sympathisiert mit fortschrittlichen, demokratischen Tendenzen,
- liebt Tony, registriert die Standesschranken.

Liebe und Demokratie

Hagenströms

- aufsteigende Konkurrenz zu den Buddenbrooks, erwerben das Haus,
- große Vitalität der Hagenströms, erfolgreiche Kinder, reiche Heiraten in der Familie,
- im Ansatz deutet sich auch hier der künftige Verfall an wie in den Familien Ratenkamp und Buddenbrook, z. B. hat Moritz Hagenström eine angegriffene Gesundheit und schlechte Zähne.

Konkurrenz

Anna Iwerlich

- liebt Thomas hingebungsvoll, entsagt, wenn er dies aus Standesbewusstsein und Firmeninteresse gebietet,
- aus dem „einfachen Volk“, Blumenhändlerin,
- heiratet einen Blumenhändler, hat viele Kinder,
- begegnet indirekt Thomas immer wieder: er errichtet das neue Haus ihrem Laden gegenüber, aus ihrem Laden stammt die Richtkrone für dieses Haus, sie weint, als sie das Blumengebinde zu seinem Tod bringt.

Gegenbild zu Gerda

Aline Puvogel

- gesund, vital, erotisch, unkonventionell,
- nicht an Bindung interessiert, sieht finanziellen Vorteil in der Beziehung mit Christian,
- weist Christian in die Anstalt ein, sein Traum von einer Familie verkehrt sich ins Gegenteil.

gesund, vital, nutzt Christian finanziell aus

Sonstige Figuren

Die über zweihundert in den *Buddenbrooks* agierenden Personen, von denen eine Vielzahl Randfiguren sind, haben im Kontext jeweils eine symbolische Funktion. Hier soll anhand dreier Figuren dargelegt werden, wie die Personen im Romanzusammenhang klammernde und leitmotivische Funktionen aufweisen.

Ida Jungmann

Neben Tony ist sie die Person, die die Handlung des Romans am längsten begleitet. Als aus Pommern stammende, ehrliche und knochige Erzieherin bleibt sie über vier Jahrzehnte bei der Familie, bis sie nach dem Tod von Thomas von Gerda entlassen wird. Gerda kann die nun standesbewusste und dünkelhafte Dienerin nicht mehr ertragen. Auch in Idas Weggang spiegelt sich die Abwärtsbewegung der Familie.

Spiegel des Verfalls

Klothilde

Klothilde ist die arme, naive Verwandte, Tochter eines Neffen von Johann senior und wird von den Buddenbrooks versorgt. Durch ihre Charakterisierung als jemand, der lebenslang übergroße Mengen an Speisen verschlingt, wird oft ein komischer Effekt erzeugt. Zu Romanbeginn ist sie abhängig von ihren reichen Verwandten, zu Romanende steht sie – so Tony – nicht schlechter da als die anderen Familienmitglieder.

Funktion des komischen Effekts

Sesemi Weichbrodt

Fräulein Weichbrodt, die alte und bucklige Leiterin des Internats, spricht das Schlusswort des Romans. Sie wird durch ihren in jeder Generation neu ausgesprochenen Wunsch charakterisiert: „Sei glöcklich, du gutes Kend!" (546). Da aber dieser Wunsch nie in Erfüllung geht, wird ihr optimistisches Schlusswort „Es ist so!" (759), dass die Familie sich im Jenseits wiedersehe, ironisch gebrochen.

Optimismus?

Wagner, Nietzsche, Schopenhauer: Thomas Manns „Dreigestirn“

Philosophische Elemente des Romans

Die Streitfrage, inwieweit die *Buddenbrooks* ein Roman ist, der philosophisches Gedankengut in eine Romanhandlung bettet, wird meist so geklärt, dass der Roman zwar philosophische Elemente enthalte, aber aufgrund seiner Komplexität kein philosophischer Thesenroman sei.

Thomas Mann rezipiert während der Entstehung des Romans Nietzsche und Schopenhauer, ist von der Musik Wagners begeistert und verfolgt aktuelle Debatten. Themen wie Dekadenz, Dilettantismus und Bürgertum reflektiert der dem jungen Thomas Mann bekannte französische Romancier und Essayist Paul Bourget. Thomas Mann arbeitet Elemente der zum Teil gegensätzlichen Theorien ein. Als Fundament seiner Bildung nennt der Autor ein „Dreigestirn ewig verbundener Geister“: Schopenhauer, Nietzsche und Wagner (Thomas Mann, Selbstkommentare, S. 42).

Freier Umgang mit Philosophie

In seinem Essay *Schopenhauer* interpretiert der Autor die Schopenhauer-Episode in den *Buddenbrooks*. Dabei wird deutlich, wie frei Thomas Mann über verschiedene, auch gegensätzliche philosophische Ansätze in der Komposition seines Romans verfügt. Er macht klar, dass ein Künstler

> im Sinne eines Philosophen denken kann, ohne im geringsten *nach* seinem Sinn zu denken, will sagen, *daß* man sich seiner Gedanken bedienen – und dabei denken kann, wie er durchaus nicht gedacht haben will (...) So gehen Künstler mit einer Philosophie um (Thomas Mann, Selbstkommentare, S. 99).

Arthur Schopenhauer: Von uns bleibt nur das Nichts

Schopenhauers metaphysischer Zaubertrank

Die Philosophie Schopenhauers initiiert bzw. verstärkt folgende Aspekte in der Debatte des 19. und frühen 20. Jahrhunderts:

- Kritik am Optimismus der Aufklärung, Abkehr von der Vernunft,
- Konzeption eines das Wesen des Menschen bestimmenden Triebs (Einfluss auf die Psychoanalyse Freuds),
- Auffassung von der amoralischen Grundstruktur und Ziellosigkeit der Welt,
- Kunst, insbesondere Musik, als Mittel der Distanzierung vom Urwillen,
- Für Nietzsche zunächst Vorbild, dann Gegner,
- Der Roman enthält Elemente der Philosophie Schopenhauers: Todessehnsucht und Erlösungswunsch von Thomas; Verfallsthematik; Motiv der Wellen,
- Thomas Manns freier Umgang mit Philosophie: Roman ist keine Umsetzung einer Theorie.

Lebensverneinende Philosophie eines misstrauischen Einzelgängers

Arthur Schopenhauer (1788–1860) ist ein Außenseiter in der akademischen Philosophie seiner Zeit. Sein Hauptwerk *Die Welt als Wille und Vorstellung* veröffentlicht er 1819. Da ist er gerade 31 Jahre alt. Schopenhauers lebensverneinende Philosophie passt zu seinem misstrauischen Einzelgängertum. Nach dem Studium der Philosophie setzt er sich mit fernöstlichen Ideen auseinander, auch mit der Vorstellung, dass durch Meditation das Übel des Daseins überwunden werden kann. Seine Schriften wie z.B. *Aphorismen zur Lebensweisheit* belegen sein schriftstellerisches Talent.

Pessimismus

Welt als Vorstellung

Pessimistisch ist Schopenhauers Verständnis des Menschen und der Welt. Die Welt, so die These des durch Kants Erkenntnistheorie beeinflussten Schopenhauer, ist nur durch unsere Wahrnehmung, durch unsere „Brille" erkennbar, also nur als *Vorstellung* – dies die Bedeutung des einen Teils des Titels seines Hauptwerks. Der andere Teil des Titels – der *Wille* – weist auf den Urgrund allen Existierenden hin. Jedes Ding und jedes Lebewesen ist eine Erscheinungsform des insgesamt grenzenlosen, gestaltlosen und vor allem ziellosen Urwillens. Er drängt zum Leben, d.h. er produziert unzählige Individuen. Diese sind als Einzelne nicht wichtig. Auch das Individuum ist mit einem Willen ausgestattet, der oft nicht befriedigt werden kann. Daher sind Unglück, Langeweile und Leiden vorprogrammiert. Die andere Quelle des Leidens entspringt aus dem Menschen selbst, dem Kampf aller gegen alle – so wie die Natur insgesamt ständig um das Dasein kämpft. Die Erscheinungen sind flüchtig, unwahr, einzig wirklich ist nur der Urwille.

Welt als Wille

Leiden

Ansätze der Erlösung – Musik

Schopenhauer nimmt demzufolge an, dass nicht die Vernunft, sondern ein blinder Wille, einem Trieb vergleichbar, den Menschen bestimmt. Dieser individuelle Wille drängt danach, so Schopenhauer, Teil eines universalen Urwillens zu sein und sich auszulöschen. Auch der Leib des Menschen ist eine Verkörperung des Willens. Es gibt eine Stufenfolge in der Welt der Erscheinungen. Die oberste Stufe nimmt der Mensch durch sein durch das Leiden gewecktes metaphysisches Bedürfnis ein, das der Selbsterkenntnis des Willens dient.

Individueller Wille bestimmt den Menschen

Es gibt Auswege aus diesem ständigen Leiden. Zwar ist der menschliche bewusste Wille auch ein Werkzeug des Urwillens, er ist aber grundsätzlich zur Distanzierung von diesem Urwillen fähig. Der eigene Wille und der Intellekt sind in der Lage, vom Urwillen Abstand zu nehmen, z.B. durch Kunst und durch Meditation, die den Kreislauf des Lebens durchschauen. Die Askese, dem Weg der indischen Yogis ähnlich, hilft bei der Verneinung der Welt. Im Zusammenhang mit den *Buddenbrooks* ist Schopenhauers Konzept der Kunst interessant. Die Kunst erkennt das „allein eigentlich Wesentliche der Welt, den wahren Gehalt ihrer Erscheinungen, das keinem Wechsel Unterworfene und daher für alle Zeit mit gleicher Wahrheit Erkannte“ (Arthur Schopenhauer: Die Welt als Wille und Vorstellung, Bd. 1, S. 265). Gipfel der diesbezüglichen Hierarchie der Künste über Archi-

Fähigkeit zur Distanz zum Urwillen

Musik: Möglichkeit zur Gestaltung des Urwillens

tektur, Plastik, Malerei und Poesie ist die Musik, die den Urwillen und damit das Wesen der Welt gestalten kann.

Askese und Mitleid

Doch die Kunst kann nur eine kurzzeitige Erlösung von Willen und Leiden bieten. Neben der Askese, die durch Einsicht in den blinden Willen zu Entsagung und innerer Ruhe führt, kann insbesondere die mitleidige Tat erlösen, da so der eigene egoistische Wille überwunden wird. Selbstmord ist keine Lösung, da so nur eine individuelle Existenzform vernichtet wird, aber nicht der Urwille selbst.

Das Schopenhauer-Erlebnis des Senators

Thomas Manns Schopenhauer-Lektüre

Individualität

Schon der junge Thomas Mann hat sich ab ca. dem 20. Lebensjahr mit der Philosophie Schopenhauers beschäftigt: „So liest man nur einmal. Das kommt nicht wieder" (Thomas Mann, Selbstkommentare, S. 42). Sein eigenes intensives Leseerlebnis, „ein metaphysischer Zaubertrank" (ebd., S. 99) hat der Autor seiner Figur Thomas Buddenbrook zugefügt, um sie auf den Tod vorzubereiten. Der Autor schreibt 1930, dass es ihm hierbei weniger um eine analytische Auseinandersetzung mit Schopenhauer gegangen sei, sondern um „das erotisch-einheitsmystische Element dieser Philosophie" (ebd., S. 86). Thomas Buddenbrook war die Gestalt, die dem Autor am nächsten war:

> Ihm, der mir mystisch-dreifach verwandten Gestalt, dem Vater, Sprößling und Doppelgänger schenkte ich das teure Erlebnis (...) dem späten und komplizierten Bürger, dessen Nerven in seiner Sphäre nicht mehr heimisch sind....
> (Thomas Mann: Selbstkommentare, S. 43)

Dem Autor zufolge ist das Gesamtwerk des Romans keine Umsetzung des Schopenhauer'schen Denkens.

Tod als Erlösung aus der Individuation

Eindeutig ist der Einfluss auf das fünfte Kapitel des zehnten Teils. Dort findet der todesmüde Senator den Ergänzungsband zum vierten Buch von *Die Welt als Wille und Vorstellung*. Das Kapitel mit dem Titel *Über den Tod und sein Verhältnis zur Unzerstörbarkeit unseres Wesens an sich* interessiert ihn. Die Thematik, dass der Tod als Befreiung des Einzelnen zu sehen sei, dass der individuelle Wille jedoch in anderen Menschen weiterlebe, tröstet Thomas. Der schwache Sohn Hanno ist aus seiner Sicht nicht mehr der Nachfolger. Hier jedoch zeigt sich auch der Einfluss Nietzsches.

Einfluss Nietzsches

Die Beschreibung der rauschhaften Wirkung der Lektüre nimmt großen Raum ein. Nicht eine mögliche analytische Auseinandersetzung fasziniert Thomas, sondern das Verspüren einer Verheißung. Erotische Metaphern und Vergleiche unterstreichen die Sehnsucht von Thomas nach Auflösung seiner Individualität und nach Verschmelzung mit dem großen Willen und dem Lebensprinzip, nach etwas, „das an erste, hoffende Liebessehnsucht gemahnte" (655).

Rausch der Lektüre

Verheißung: Auflösung von Individualität

Aber nicht nur im Schopenhauer-Kapitel, sondern auch anhand weiterer Elemente des Romans lassen sich Einflüsse Schopenhauers erkennen. So sind die Verfallsthematik und die dieser zugrunde liegende zyklische Auffassung (Aufstieg und Fall der Familien der Ratenkamps, Buddenbrooks und Hagenströms) auch mit dem Pessimismus von Schopenhauer zu verstehen. Ziellose Zerstörung der Natur als die Kraft des blinden Willens zeigt sich z.B. auch in der Betrachtung des Meers: „Breite Wellen (...) Wie sie daherkommen und zerschellen, daherkommen und zerschellen, eine nach der anderen, endlos, zwecklos, öde und irr" (671). Auch in der zunehmenden Sensibilisierung der Buddenbrooks, die in Hannos Musikalität gipfelt, zeigt sich der Versuch, den Urwillen zu erkennen und so zur Erlösung aus dessen blindem Walten zu gelangen.

Fatalismus der Wellen

Hannos Musikalität

Dass das dem Roman eingefügte philosophische Moment dennoch kein philosophisches Bekenntnis des Autors darstellt, lässt sich daran erkennen, dass der philosophische Rausch von Thomas schnell verfliegt. Das Herstellen der bürgerlichen Ordnung, Thomas verfasst sein Testament, der Sturz in Schmutz und Kot, der Tod „an einem Zahne" (689) lassen nichts mehr von der Verheißung ahnen, die Thomas in den Stunden seiner Schopenhauer-Lektüre verspürt hat. In einem Brief an seinen Bruder Heinrich schreibt der Autor im März 1901 dazu: „Das Ganze ist Metaphysik, Musik und Pubertätserotik" (Thomas Mann: Selbstkommentare, S. 16).

Schnelles Verfliegen der Ekstase

Friedrich Nietzsche

Einfluss Nietzsches auf die *Buddenbrooks*	
	➟ Verherrlichung der instinkthaften Lebensenergie, des Willens zur Macht. ➟ Krankheit und Dekadenz als lebensfeindlich. ➟ Werte des Mitleids, der Keuschheit und der Demut als *Sklavenmoral*, Religion und Demokratie als Zeichen der Schwäche; Umwertung der Werte. ➟ Utopie vom starken Übermenschen. ➟ Wagner: Faszination und Feindschaft. ➟ In den *Buddenbrooks* setzt sich Thomas Mann mit Degeneration und Vitalität auseinander. ➟ Zunehmende Religiosität als Zeichen der Schwäche. ➟ Übermensch-Vision von Thomas.

Frühe Nietzsche-Lektüre

Schopenhauer hat Thomas Mann erst durch seine Nietzsche-Lektüre kennen gelernt. Im Schopenhauer-Erlebnis von Thomas vermischen sich die konträren Ansätze der beiden Philosophen. Die Verheißung, die Thomas am Ende seines philosophischen Rausches verspürt, die Hoffnung des Weiterlebens in einem grausamen und munteren Knaben und die Liebe zum starken Leben verweisen bis in die Ausdrucksweise auf den Einfluss Nietzsches.

„Lachende Löwen müssen kommen"

Nietzsche als Schüler Schopenhauers

Von Schopenhauer lernt Friedrich Nietzsche (1844–1900) viel, z.B. den Nihilismus, die Leugnung Gottes, den Frauenhass, die These, dass der Wille und nicht die Vernunft den Menschen ausmache. Nietzsche ist bereits mit 24 Jahren Professor für Altphilologie. Ähnlich wie Schopenhauer kann auch Nietzsche pointiert schreiben. Aphorismen und Gedichte gehören zu seinem Werk. Er lernt Richard Wagner kennen, ist von ihm und seiner Musik zunächst fasziniert, lehnt diese dann aber umso stärker ab.

Gegensatz zu Schopenhauer: Wille zur Macht

Doch anders als Schopenhauer verherrlicht er die Lebensenergie, den Willen zur Macht, der den Menschen zum „Übermenschen" steigern kann. Stärke ist entsprechend ein großer Wert – schwache Menschen stehen dem Lebensprinzip entgegen. Wichtig sind die Instinkte, „welche auf Erhaltung- und Werth-Erhöhung des Lebens aus" (Friedrich Nietzsche: Der Antichrist, S. 173) sind. Im klaren Gegensatz zu Schopenhauer sind Mitleid, Gerechtigkeit und christliche Werte von großem Übel, gehören zur „Sklaven-Moral" (Friedrich Nietzsche: Zur Genealogie der Moral, S. 271).

Mitleid als Sklavenmoral

Schon in seiner ersten philosophischen Schrift *Die Geburt der Tragödie aus dem Geist der Musik*, die Wagner gewidmet ist, geht Nietzsche davon aus, dass das Tragische das Prinzip der Welt sei. Es gibt keine Erlösung, kein Jenseits, sondern nur den Tod und das Nichts. Das tragische Lebensgefühl erinnert den Menschen an seine Vergänglichkeit. Die antike Tragödie enthält u. a. rauschhafte, dem Gott Dionysos geweihte Elemente. Im Rausch erfährt der Mensch den Lebenswillen und bejaht ihn. Kunst feiert die Ewigkeit angesichts des Untergangs des Einzelnen. Vernunft, Logik und Aufklärung – so Nietzsche – haben diesen Rausch und damit fundamentale Instinkte eingedämmt. Wagners Musik ist nun das Instrument, die Urlust wieder zu befreien.

Wagners Musik als Weg zur Urlust

Doch als Wagner die Oper *Parsifal* komponiert, die viele christliche Motive wie das Mitleid enthält, bricht Nietzsche endgültig die Beziehung mit Wagner ab. In seinem Werk *Also sprach Zarathustra* (1884) entwickelt er die Lehre vom „Übermenschen" und von der „ewigen Wiederkunft des Gleichen". Die Einsicht vom Tode Gottes befreie den Menschen von Schuld und Angst. Eine Umwertung der Werte ist nach Nietzsche nötig. So wird z. B. das Ideal der Gleichheit als Ausdruck des Machtwillens der Schwachen gesehen und steht der Steigerung zum Übermenschen im Wege.
Zu Zarathustras Lehre zählt auch die der Wiederkunft des Gleichen. Es können keine neuen Ereignisse mehr geschehen. Das heißt, wenn der Mensch sich zum Übermenschen steigert, findet er zu seiner alten Stärke zurück. Zarathustra wartet in den Bergen auf „Höhere, Stärkere, Sieghaftere, Wohlgemuthere, Solche, die rechtwinklig gebaut sind an Leib und Seele: lachende Löwen müssen kommen!" (Friedrich Nietzsche: Also sprach Zarathustra, S. 351).

Ablehnung Wagners

Umwertung der Werte

Lehre vom Übermenschen

In den Schriften *Jenseits von Gut und Böse* und *Zur Genealogie der Moral* werden Religion und Aufklärung als Zei-

Krankheit und Dekadenz als Feinde des Lebensprinzips

chen der Schwäche gesehen. Das Leben soll bejaht werden. Dementsprechend sind Krankheit und Dekadenz auszumerzen. Die asketischen Ideale Demut, Armut und Keuschheit sind lebensfeindlich.
Nietzsche wertet den ehemals verehrten Wagner als den prominentesten Künstler der europäischen décadence ab: „Er macht Alles krank, woran er rührt – er hat die Musik krank gemacht“ (Friedrich Nietzsche: Der Fall Wagner, S. 21).

Nietzsche-Spuren in den *Buddenbrooks*

Thomas` Vision des Nachfolgers

Noch vor Schopenhauer hat Thomas Mann Nietzsche gelesen. Die Auseinandersetzung mit der Bejahung des Lebens hat ihn geprägt, damit aber auch die Auseinandersetzung mit der Gegenseite, mit Krankheit und Degeneration. Zum Leben gehört nach Nietzsche Gegenwart, Gesundheit und Vergessen des Vergangenen. Die Vision Thomas', dass nicht der kränkliche Hanno sein Nachfolger sei, sondern ein Knabe, „rein, grausam und munter“ (658), ist von Nietzsches Vorstellung des Übermenschen geprägt. Die Buddenbrooks werden immer kränklicher, sie sind immer mehr der Vergangenheit verhaftet. Das starre Festhalten an der Familientradition – z. B. bei Thomas und Tony – verstärkt die Abwärtsbewegung. Der Wille zum Leben ist durch Thomas' maskenhaftes Ausüben der Kaufmannsrolle geschwächt. Mit Hannos Strich im Familienbuch gibt es keine Zukunft mehr. Vitalität ist bei den Hagenströms anzutreffen.

Nietzsches Moralkritik gilt insbesondere dem 19. Jahrhundert. In *Was bedeuten asketische Ideale?*, dem dritten Teil der *Genealogie der Moral*, den Thomas Mann zur Zeit der Entstehung des Romans studiert hat, bezeichnet Nietzsche die Kranken als „die Verschwörung der Leidenden gegen die Wohlgerathenen und Siegreichen“ (Friedrich Nietzsche: Genealogie der Moral, S. 369).

Thomas Manns Umwertung

Religion als Zeichen der Schwäche

Doch im Roman wertet Thomas Mann wiederum Nietzsche um: Die Kranken sind schwach, aber gerade dadurch sind sie sensibel, offen für künstlerischen Ausdruck, der wiederum hilft, das Leben zu überwinden.
Religion wird in den *Buddenbrooks* im Sinne Nietzsches als Attribut der Schwächeren gesehen, so z. B. schon in

der zweiten Generation bei Jean, erst recht in den erstarrten Ritualen von dessen Witwe. Auch die früh sterbende Clara klammert sich an die Religion. Für Thomas ist die Philosophie kurzzeitig, für Hanno die Musik das Medium der Erlösung. Hier kehrt sich Thomas Mann aber gegen Nietzsches Lebensphilosophie. Gerade im Verfall, in der körperlichen Degeneration wächst die künstlerische Sensibilität. Doch nur Hannos Freund Kai ist stark genug, sich künstlerisch zu äußern, nachhaltig zu gestalten.

Richard Wagner

→ Im Sinne Schopenhauers Musik als höchste Stufe künstlerischen Schaffens. → Dialektik von Spannung und Erlösung, Liebes- und Todessehnsucht. → Kult des Nichts als letzter Schritt in der Genealogie der Buddenbrooks. → In kompositorischer Hinsicht: Technik des Leitmotivs.	Funktion der Wagner-Anklänge im Roman

Wagner als Leitbild der musikalischen Erziehung Hannos

Richard Wagner (1813–1883), Komponist, Begründer des Festspielhauses in Bayreuth, verfolgt die Idee des „Gesamtkunstwerks", das in seinen Opern wie *Tristan und Isolde* und dem Bühnenfestspiel *Der Ring des Nibelungen* durch erweiterte Harmonik, leitmotivische Verbindung und ihre „ewige Melodie" immer komplexere Formen annimmt. In den *Buddenbrooks* werden Wagner selbst und die Oper *Lohengrin* erwähnt. Anspielungen auf die Tetralogie *Der Ring des Nibelungen* und die Oper *Tristan und Isolde* weisen in der musikalischen Bildung von Hanno auf Wagner als Leitbild hin.

Liebes- und Todesmotiv

Eine Oper voller Todessehnsucht ist *Tristan und Isolde*. Die beiden Liebenden glauben, nur im Tod vereint zu sein und ihre Liebe bewahren zu können. Ein zentrales Leitmotiv ist das Liebesmotiv, das von Anfang an immer wieder in vielen Variationen ertönt. Die Ekstase der Liebe, die Sehnsucht nach Erlösung durch den Tod, der Tod selbst werden musikalisch ausgedrückt. Das Verhältnis von anschwellenden Gefühlen, Sehnsucht, Unerfülltheit und Erlösung im Tod skizziert Wagner selbst:

Wonne des Sterbens

> Ohnmächtig sinkt das Herz zurück, um in Sehnsucht zu verschmachten, in Sehnsucht ohne Erreichen, da jedes Erreichen nur wieder neues Sehnen ist, bis im letzten Ermatten dem brechenden Blicke die Ahnung des Erreichens höchster Wonne aufdämmert. Es ist die Wonne des Sterbens... (Richard Wagner: Ausgewählte Schriften, S. 155).

Kais Erzählung von Erlösung

Auf Wagners Hauptwerk *Der Ring des Nibelungen* (1874 vollendet) wird in den *Buddenbrooks* nur kurz angespielt, aber auch hier zeigt sich der Einfluss Wagners auf die vierte Generation. Hannos Freund Kai erfindet ferne Geschichten, u. a. auch eine, in der ein Ring, der mit überirdischen Kräften ausgestattet ist, die zentrale Rolle spielt. „In den seltsamsten Augenblicken aber" (624) begleitet Hanno die Erzählung auf dem Harmonium. Die Jungen stellen sie auch auf der Puppenbühne nach. Rettung und Erlösung sind Themen anderer märchenhafter Geschichten. Hanno identifiziert sich mit den zu Erlösenden:

> Schon aber wachse in der Ferne der Auserwählte heran, welcher (...) den Prinzen, sowie die ganze Welt, besonders aber Hanno Buddenbrook (...) erlösen werde (520).

Abwärtsdynamik im *Ring des Nibelungen*

Wagners Tetralogie beinhaltet eine Dynamik des Verfalls: Wotan verkalkuliert sich beim Bau des neuen Götterpalastes Walhall; im letzten Teil, *Die Götterdämmerung*, erlischt die alte Welt, die alte Ordnung der Götter. Eine neue Ordnung kann entstehen.

Leitmotivtechnik

Über den inhaltlichen Bezug hinaus zeigt sich ein großer Einfluss von Wagners Leitmotivtechnik auf die Komposition des Romans. Dies wird im nächsten Kapitel genauer dargelegt.

Bezug zu Hannos Musikerlebnis

Pfühls Kritik an Wagner

Gerda: Erschöpfung durch Wagners Musik

Hannos Musiklehrer Pfühl ist zunächst ein Gegner der Musik Wagners. Nietzsches Kritik klingt an, wenn Pfühl befürchtet, dass die Musik Wagners die „träumerische Schwäche" (512) Hannos verstärke. Hanno sieht dies selbst so: „... ich kann es nicht lassen, obgleich es Alles noch schlimmer macht" (744). Gerda, die Fremde, die Leidenschaft nur für die Musik besitzt, ist die Vertreterin von Wagners Musik, die aus der Sicht des Vaters den jungen Hanno nur weiter entkräftet. Hanno erfährt Musik rauschhaft, er ist erschöpft nach seinen Improvisationen. Seine letzte musikalische Phantasie wird als Kult des Nichts charakterisiert:

Kult des Nichts

> Es lag etwas Brutales und Stumpfsinniges und zugleich etwas asketisch Religiöses, etwas wie Glaube und Selbstaufgabe in dem fanatischen Kultus dieses Nichts, dieses Stücks Melodie, dieser kurzen, kindischen, harmonischen Erfindung. (750).

Seine eigene kleine Erfindung ist an Motive aus *Tristan und Isolde* angelehnt, zumindest deutet dies die mit erotischem Vokabular nicht sparende Beschreibung der Wirkung der eigenen Musik auf den jungen Hanno an:

Erotische Spannung

> .... es kam, gleichwie wenn ein Vorhang zerrisse, Tore aufsprängen, Dornenhecken sich erschlössen, Flammenmauern in sich zusammensänken ... Die Lösung, die Auflösung, die Erfüllung, die vollkommene Befriedigung brach herein ... (750).

Dass Hanno sich der erotischen Wirkung der Musik bzw. deren sexueller Symbolik bewusst war, zeigt ein kurzer Dialog mit dem einzigen Freund Kai. Dieser möchte Hanno nach dem Schulvormittag aufmuntern und fragt, ob er am Nachmittag Klavier spielen wolle. Kai sagt, dass er wisse, wovon Hanno spiele.

Sexuelle Symbolik

> Sie waren in einem seltsamen Alter. Kai war sehr rot geworden und blickte zu Boden, ohne den Kopf zu senken. Hanno sah blaß aus (744).

Hannos Sehnsucht nach dem Tod zeigt sich in seiner Musik, die er mit religiöser Hingabe hört und spielt. Hanno ist nicht in der Lage, ein Publikum mit seinem Spiel zu ergötzen. Sein Spiel und dessen Wirkung bleiben nur auf sich selbst beschränkt, sind sein eigener Vorgriff auf die „Wonne des Sterbens“, wie Wagner sagte.

Selbstbeschränkung von Hannos Kunst

Doch ähnlich wie Thomas nach seiner philosophischen Erhebung in einer Pfütze landet und anschließend stirbt, ist bei Hanno der Fall in den Alltag tief. Nachdem die musikalischen Ausschweifungen der letzten Improvisation sich auflösen, ist Hanno erschöpft, er will sich aber disziplinieren, um sich am nächsten Tag frühmorgens für die verhasste Schule vorzubereiten. Nun kann nur noch der Tod kommen. Hanno will die Stimme des Lebens nicht mehr vernehmen.

Wandel im Musikverständnis

In Hannos Bezug zur Musik Wagners hat die Familie Buddenbrook einerseits das höchste Maß künstlerischer Sensibilität erreicht, andererseits stirbt der Name „Buddenbrook" durch den sehr frühen Tod des jugendlichen Hanno aus. Die Firma ist schon zuvor aufgelöst worden. Die sich verändernde Funktion der Musik, wie sie zu Romananfang erscheint – das dekorative und harmonische Flötenspiel Johann des Älteren – bis hin zum Absolutheitsanspruch des „Kultus dieses Nichts" (750) für Hanno zeigt erneut den Prozess der gegenseitigen Bedingtheit von Verfeinerung und Verfall.

Literarische Strukturen

→ Einfluss von Wagners Kompositionstechnik: Technik des Leitmotivs, symbolische Erhebung von Details. → Variationen der Schreibweisen: realistisch, satirisch, den Personen angepasst. → Exakte Orts- und Zeitangaben, genaue Personenbeschreibungen. → Wechsel der Erzählperspektiven: auktoriale und personale Erzählhaltung, erlebte Rede bzgl. der Hauptfiguren Thomas, Tony und Hanno. → Montage. → Aufbau durch Verfallsthematik bestimmt; Stil einer Chronik wird zunehmend subjektiviert. → Klammer durch ‚Religionsgespräche'.	Vielzahl der Gestaltungsmittel

Thomas Manns *doppelte Optik*

Doppelte Optik: Bezug auf breite Leserschichten und Bezug auf spezielle Expertengruppen

Ähnlich wie in den thematisch orientierten Kapiteln können angesichts der Fülle der literarischen Techniken nur einzelne aufgeführt werden, die den Roman *Buddenbrooks* nicht nur inhaltlich, sondern auch formal sehr dicht und auch lesbar machen. Thomas Manns Prinzip der doppelten Optik greift auch hier. Die inhaltliche Schwere – Abstieg, Krankheit, Auflösung, Tod – wird teilweise kontrastiert durch Humor und ironische Distanz. Der Handlungsreichtum und die Anschaulichkeit der Personen und der Handlungsorte werden kombiniert mit Darstellungen innerer Zustände. Die Kenner der Philosophie Nietzsches und Schopenhauers, die der Musik Wagners werden genauso angesprochen wie der Leser oder die Leserin, die sich nicht mit diesen Zeugnissen der so genannten Hochkultur beschäftigt haben.

Einfluss von Wagners Kompositionstechnik

Der Abwärtsbewegung entspricht der Aufbau des Romans. Auch formalen Einfluss hat Richard Wagner auf die *Buddenbrooks*: Leitmotive durchziehen in großer Anzahl das Werk. Thomas Mann weist auf die Strukturmittel hin, die er von Wagner übernommen hat, und nennt damit zentrale Kompositionsprinzipien der *Buddenbrooks*:

> Das Motiv, das Selbstzitat, die autoritative Formel, die wörtliche und gewichtige Rückbeziehung über weite Strecken hin, das Zusammentreten von höchster Deutlichkeit und höchster Bedeutsamkeit, das Metaphysische, die symbolische Gehobenheit des Moments ... (Thomas Mann: Selbstkommentare, S. 28).

Roman ist keiner Gattung zuordenbar

Der Roman ist nicht eindeutig einer bestimmten Romangattung zuzuordnen, er enthält Elemente verschiedener Gattungen wie Bildungs- oder Zeitroman. Insgesamt wird Manns Erzählweise als realistisch eingestuft. Der Autor selbst, jeglicher Einordnung seines Werks in einen Epochenzusammenhang abgeneigt, nennt seinen Roman eine Familienchronik, die unverkennbare Merkmale des Naturalismus trägt. Thomas Mann variiert jedoch die Elemente einer Chronik wie z. B. Zeit- und Ortsangaben und vertieft symbolische Aspekte.

Aufbau und Erzähltempo

Thomas Mann hatte sich bei der Produktion des Romans zwar Stammbäume und Personallisten angefertigt, aber er hatte – so seine Selbstauskunft – keinen Plan des Aufbaus des Romans. 1906 schreibt er in eine Widmung: „Es ist geworden, was es ist: es war es nicht schon in meiner Vision und Absicht“ (Thomas Mann: Selbstkommentare, S. 35). Dennoch lassen sich Aufbauprinzipien erkennen.

Exakte Orts- und Zeitangaben

Der chronologisch erzählte Roman ist in elf Teile mit einer jeweils unterschiedlichen Anzahl von Kapiteln gegliedert. Sehr exakte direkte oder indirekte Orts- und Zeitangaben erleichtern dem Leser die Orientierung. Detaillierte Beschreibungen der Räumlichkeiten lassen Schauplatz und Atmosphäre deutlich werden. Der Autor benutzt mitunter fast filmische Techniken. Wenn eine Szenerie beginnt, zoomt er das Geschehen gleichsam heran. So z. B. wird zu Beginn des 13. Kapitels im dritten Teil in Zeitraffung Tonys Rückfahrt von Travemünde in ihre Heimatstadt geschildert: „Dann kam die Fähre, es kam die Israelsdorfer Allee...“ (155).

Entsprechend der Abwärtsbewegung beginnt der Roman in den beiden ersten Teilen in einer fast heiteren Stimmung. Dennoch mehren sich schon die Anzeichen möglicher Schwächung von Firma und Familie. Durch Zeitraffung gelingt es dem Autor, die 42 Jahre der erzählten Zeit darzustellen. Die Schilderung der dritten Generation um Thomas und Tony nehmen mehr als die Hälfte des Romans ein. Thomas wird zur Zentralgestalt. Die klare Wende zum Verfall der Familie geschieht in den Ereignissen, die im siebten und achten Teil dargestellt sind. Als Thomas vom Firmenethos abweicht, auf den Ertrag der Pöppenrader Ernte wettet und später sein neues, von Anbeginn zu großes Haus einweiht, verdichten sich die Todes- und Verfallsmotive bis hin zu Hannos Tod. Die alte Konsulin stirbt, die Familie Erika Weinschenks bricht auseinander, Thomas entfremdet sich von Gerda und Hanno, die Musik Wagners sensibilisiert und schwächt zugleich, der Tod von Thomas (Zahnprobleme, Sturz in den Matsch) führt zur Auflösung der Firma. Schon bei der Darstellung von Thomas' Schopenhauer-Erlebnis, besonders aber bei der Schilderung von Hannos Leiden an der Schule und seiner durch Musik bedingten ekstatischen Erfahrungen zeigt sich der Wunsch nach Erlösung.

Aufbau durch Abwärtsbewegung bestimmt

Zunahme der Motive des Verfalls

Der Verfallslinie entsprechend nehmen z. B. auch die Beschreibungen der Todesumstände der einzelnen Familienmitglieder an Umfang und Grausamkeit zu. Dies gipfelt in der vom gesamten sonstigen Erzählfluss sich abhebenden Montage des vom Autor variierten und innere Empfindungen betonenden Lexikonartikels zu „Typhus“ im letzten Teil des Werks. Zwar beginnt der Roman mit einem langsamen Erzähltempo (sieben Stunden werden auf ca. 30 Seiten dargestellt), dann kommt es zu sehr gerafften, aber auch gedehnten Darstellungen. Am Ende steht das lange Kapitel mit der Schilderung von Hannos Schulvormittag (elfter Teil, 2. Kapitel, ca. 50 Seiten). Die letzten Kapitel (Typhus, die überlebenden Frauen) umfassen jeweils nur noch wenige Seiten. Einzelne Kapitel bestehen nur aus einer Aneinanderreihung von Briefen, auch dies lässt sich als eine Art Montage verstehen.

Ausführliche Beschreibung der Todesumstände als Verfallsmotiv

Montagetechnik

Kontrastierung

Ein weiteres Formprinzip lässt sich in der Kontrastierung sehen. Auf einige Gegensätzlichkeiten wurde schon hingewiesen: Nach Thomas' philosophischer Ekstase folgt der Tod, scheinbar banal durch Zahnweh bedingt und durch einen Sturz in Matsch und Kot forciert; nach Hannos musikalischem Rausch folgt der fiebrige Typhus. Hannos Sterben wird schon nicht mehr geschildert. Der Tod des Jungen kann nicht mehr dargestellt werden. Andere Kontraste sind z. B. die von Trauer und Streit (neben der aufgebahrten Muter streiten sich Thomas und Christian erbittert), von Pathos und Alltag, von festlicher Freude und Unheil (Todesahnung bei der Gratulation zu Hannos Taufe; während des hundertjährigen Firmenjubiläums kommt die Nachricht vom Spekulationsverlust). Kontraste im Großen wie Aufschwung und Depression, aber auch Kontraste im Kleinen, in einzelnen Szenen bzw. am Ende eines Kapitels und zu Beginn des nächsten Kapitels strukturieren den Text.

Religionsgespräche als Klammer

Mit Religion beginnt und endet der Roman. Am Anfang stehen die aufgeklärte Skepsis von Johann senior und die Naivität Tonys, am Ende die ironisch gebrochene, nur scheinbar tröstende Stimme Sesemis, im Jenseits gebe es eine Vereinigung der Familie.

„Was ist das" (7), eine Frage beinhaltet der erste Satz des Romans. Doch diese Frage muss sich nicht nur auf das folgende Katechismus-Examen beziehen, sie kann auch die Einführung in die nun folgende Chronik einer Familie geben. Diese Deutung ist „angesichts der Virtuosität des epischen Berichtes und der Doppeldeutigkeit vieler Realien auch nicht von der Hand zu weisen" (Koopmann: Thomas Mann – Buddenbrooks, S. 68). Diese Frage lässt sich mit dem letzten gesprochenen Satz, mit dem das Faktische unterstreichende „Es ist so!" Sesemis (759) als Klammer lesen. Damit könnte auch die Vorstellung des Zyklischen verbunden sein. Es ist so, dass Familien auf- und absteigen, dass Verfall und Sensibilität Hand in Hand gehen.

Erzählperspektive

Fülle erzählerischer Gestaltungsmittel

Thomas Mann bedient sich einer Fülle von erzählerischen Möglichkeiten, die hier nur im Ansatz aufgezeigt werden können. Neben einem immer wieder erscheinenden auktorialen Erzähler sind etliche Partien in der personalen Erzählsituation verfasst. Das Mittel der erlebten Rede gibt Einblick in das Innere der Personen und macht die drei zentralen Figuren Thomas, Tony und Hanno plastisch. Die Erzählinstanz bleibt unpersönlich, sie wertet und kommentiert jedoch häufig das Geschehen.

Distanz des Erzählers

Der Erzähler distanziert sich immer wieder von den Personen, so z. B. um Christians Hypochondrie deutlich zu machen, ist die Diagnose, dass auf einer Körperseite „alle Nerven zu kurz" (442) seien, in Anführungszeichen gesetzt. Auch durch Wiederholungen (z. B. Tonys Versicherung, sie sei keine Gans mehr und kenne das Leben) wird immer wieder Distanz und damit auch Ironie erzeugt.
Die wiederholte Zurücknahme ekstatischer Erfahrungen (Schopenhauer-Erlebnis; Hannos musikalische Verzückungen) führt zur ironischen Distanzierung von dem aufwühlenden Erlebnis. Entsprechend der zunehmenden Darstellung subjektiver Prozesse – wie Thomas' philosophischer Rausch und Hannos musikalische Erlebnisse – wird das Muster einer Chronik aufgegeben.

Epische Ironie

Auch der Erzähler kommentiert öfters ironisch oder ambivalent, so z. B. bei der Feier zur Taufe Hannos: „... ein Erbe! Ein Stammhalter! Ein Buddenbrook! Begreift man, was das bedeutet? (...) Er lebt, und es könnte anders sein" (396). Die Todesahnung bringt hier in szenischer Darstellung der Arbeiter Grobleben, der bei der Gratulation plattdeutsch davon spricht, dass alle Menschen zu Moder werden. Neben vielen anderen Partien gehört auch die Wertung im Schlusssatz dem auktorialen Erzähler, durch den der Optimismus von Sesemi in ein zweifelhaftes Licht gerückt wird: „bucklig, winzig und bebend vor Überzeugung, eine kleine, strafende, begeisterte Prophetin" (759). Die ironische Funktion des erzähle-

Spiel des Erzählers

rischen Spiels mit der Wahrheit wird z. B. bei der Frage nach der Todesursache von Thomas deutlich:

> An einem Zahne ... Senator Buddenbrook war an einem Zahne gestorben, hieß es in der Stadt. Aber, zum Donnerwetter, daran starb man doch nicht! Er hatte Schmerzen gehabt, Herr Brecht hatte ihm die Krone abgebrochen, und daraufhin war er auf der Straße einfach umgefallen. War dergleichen erhört?.... (689).

Zunächst wird ein Zahnproblem als Ursache angegeben, dies aber nur als Gerücht in der Stadt. Wer die Vermutung gestreut hat, bleibt anonym, das Subjekt ist das unpersönliche Personalpronomen „es". Dann folgt ein emphatischer Ausruf, die Kommentierung des auktorialen Erzählers. An die sachliche Aufzählung der Stationen des Ablaufs schließt sich die Frage des Erzählers an, um auf das Unglaubliche des Geschehens hinzuweisen bzw. die Nennung der Todesursache – Zahnprobleme – zu ironisieren. Das hier benutzte Verb „erhört" passt mehr in eine religiöse Sprachebene.

Sprachliche Form

Verschwinden des Erzählers durch Montageprinzip

Durch das Montageprinzip verschwindet der Erzähler auch immer wieder, z. B. in der Aneinanderreihung von Briefen und im Lexikonartikel zu „Typhus".
Außer der Montage des Typhus-Artikels fügt der Autor noch andere zunächst außerliterarische Texte in seinen Roman ein, variiert sie aber genauso wie den Ausschnitt aus dem Lexikon, formt sie je nach Kontext um, so z. B. die von den Lübecker Verwandten geschilderten Ereignisse in der Stadt, die Charakterisierung von Verwandten und Bekannten samt sprachlicher Eigentümlichkeiten und den Kochrezepten seiner Mutter. Die Beschreibungen der Familienfeiern werden dadurch sehr realistisch.

Dialekt und Fremdsprachen zur Personencharakterisierung

Oft werden die Personen durch eine für sie charakteristische Sprechweise dargestellt. Johann der Ältere, der aufgeklärte Patrizier, bedient sich eines bruchstückhaften Französisch, versetzt mit hochdeutschen und plattdeutschen Elementen. So z. B. ist auch Grünlichs übertrieben gestelzte Ausdrucksweise zu verstehen. Redensarten charakterisieren die Personen. Damit übernimmt der Autor ein für naturalistische Dichtung typisches Stilmittel. Das Volk wird entsprechend durch niederdeutsche Ausdrucksweise charakterisiert. Alois Permaneders Bayrisch bildet einen komischen Kontrast zur Sprache und zur Haltung der Buddenbrooks. Im Dialog lassen sich die Personen charakteristisch darstellen. Herkunft, soziale Stellung, Lebensalter, persönliche Eigenheiten werden deutlich.

Sprache der männlichen Buddenbrooks wird immer maskenhafter

Die Sprache der männlichen Buddenbrooks verändert sich. Ist der alte Johann noch in der Lage, wie in der Eingangsszene deutlich wird, lebendig und fröhlich Sprachebenen zu wechseln, zeigen sich je nach Standort im Verfallsprozess auch Erstarrungen in der Sprache wie bei Thomas' maskenhafter kaufmännischer Sprache. Nur Tonys Sprache verändert sich nicht.

Die Sprache im Roman variiert ähnlich wie die erzählerischen Mittel. Neben der Figurenrede gibt es z. B. die satirischen Zuspitzungen im Schulkapitel, die Nietzsche-, Schopenhauer- und Wagnerparaphrasen, die märchenhaften Erzählungen Kais, die sprechenden Namen vieler Figuren wie z. B. der des Lehrers Dr. Mühsam, den Tempuswechsel vom Präteritum zum Präsens.

Leitmotive des Verfalls

Leitmotiv Musik s. S. 101 ff.

In vielen thematischen Komplexen, Symbolen und Leitmotiven spiegelt sich die Problematik des Verfalls. Aufgrund der „terminologischen Unschärfe des Begriffs ‚Leitmotiv'"(Michael Kämper-van der Boogart: Thomas Mann, S. 54) werden im Folgenden hierunter Elemente mit Verweisfunktionen aufgeführt. Der den gesamten Roman durchziehende Komplex der Musik – vom Flöte spielenden Vertreter der Ideale der Aufklärung bis hin zum bei Wagner-Klängen sich auflösenden Hanno – ist bereits im Kapitel „Wagner, Nietzsche, Schopenhauer" dargestellt worden.

Leitmotive und Symbole	
	→ Geldangaben als Mittel der Strukturierung der Darstellung des geschäftlichen Erfolgs bzw. Misserfolgs. → Sich wiederholende Charakterisierungen. → Haus als zentrales Symbol, als äußerer und innerer Bezugspunkt der Familienmitglieder, Spiegelung von Aufstieg und Fall. → Zustand der Zähne: Spiegel der körperlichen Kondition; zunehmende Probleme in der 3. und 4. Generation – ausführliche Darstellung der Zahnarztbesuche; bei Thomas evtl. verantwortlich für den Tod; Hannos schwache Konstitution auch durch Zahnbeschwerden bedingt; Kontrastierung der Figuren durch die Art ihrer Zähne. → Farbsymbolik Blau: Spiegel der künstlerischen Sensibilität und Todesnähe. → Farbsymbolik Gelb: Signal für Gefahr und Tod. → Hände: die blassen Hände von Thomas im Gegensatz zu denjenigen lebenskräftiger Personen. → Meer: Ort der Befreiung von Konvention und Individualität. → Familienbuch: Mittel der Strukturierung der Chronologie; der Selbstvergewisserung der Buddenbrooks; am Ende bleibt nur noch die wöchentliche Lesung der Familienbibel.

Auf Richard Wagners Technik der Leitmotive und deren Einfluss auf die Gestaltung der *Buddenbrooks* wurde bereits verwiesen. Das Leitmotiv hat gliedernde und z. B. auch vorausschauende Aufgaben. Es besteht in einer wiederholten Folge von Elementen, die einer Figur oder mehreren Figuren oder einer Situation zugeordnet ist. Funktion eines Leitmotivs ist die Herstellung eines Verweiszusammenhangs. Techniken, um einen solchen Zusammenhang herzustellen, sind auch symbolische Hinweise und Wiederholungen eines schmückenden Beiwortes, dem Epitheton, oder eines charakteristischen Ausspruchs.

Wiederholung eines schmückenden Beiwortes

Seit Homer gibt es das Stilmittel des Epithetons, der Wiederholung eines schmückenden Beiwortes wie z. B. in der Nennung des listenreichen Odysseus. Im Roman *Buddenbrooks* finden sich häufige Wiederholungen äußerer Merkmale insbesondere der Nebenfiguren, die ihrer Charakterisierung dienen. So wird z. B. Sesemi oft als „bucklig" bezeichnet, für Grünlich sind der „goldgelbe Backenbart", die „Favoris", typisch, aber auch die wenig schmeichelhaften Augen „so blau wie diejenigen einer Gans" (z. B. 147). „Mager" ist die stets hungrige Klothilde. Etliche Personen werden durch einen einzelnen Ausspruch charakterisiert. So verwendet Morten Schwarzkopf z. B. immer wieder den Ausdruck „auf den Steinen sitzen" (133), um die gesellschaftliche Distanz seiner Familie zu der Patrizierfamilie der Buddenbrooks darzulegen. Tony übernimmt diese Formulierung, benutzt sie noch nach Jahren der Trennung als Zeichen der Liebe zu Morten. Grünlichs Äußerung „... putzen ganz ungemein" (95, 98, 121, 142) wird immer wieder zitiert, um Grünlichs Fassade und übertriebenen Sprachgebrauch ins Lächerliche zu ziehen. Christian wiederholt öfters seine Diagnose der zu kurzen Nerven (442, 539, 578). Dies dient einerseits dazu, seine Isolation und seine Unfähigkeit, sein Leiden zu kommunizieren, auszudrücken, andererseits wird so die Diagnose selbst ironisiert. Auch sein Satz „Ich kann es nun nicht mehr" (669) ist Teil der Untergangsmelodie des Romans.

Charakterisierung durch sich wiederholende Aussprüche

Besonderheiten der Aussprache machen die Personen plastisch, so z. B. im sich wiederholenden Wunsch von Sesemi Weichbrodt: „sei glöcklich, du gutes Kend" (z. B.

Wiederholung der Besonderheiten der Aussprache

356). Herkunft, gesellschaftlicher Status und beanspruchte gesellschaftliche Rolle können sich in den sprachlichen Varianten ausdrücken.
Die Leitmotive haben meist einen Bezug zu der Thematik des Verfalls. Zum Teil besitzen sie auch charakterisierende Funktionen. Die wichtigsten Leitmotive sind:

Geld

Akribische Darstellung der finanziellen Lage der Buddenbrooks

Das Motiv „Geld" ist mit der Thematik der finanziellen Lage der Firma und mit dem Aufstieg und Fall der Familie verwoben. Deutlich gemacht wird dies u. a. mit jeweiligen exakten Angaben der Summen, die vererbt und als Mitgift, Abfindung und Erbanteil gezahlt werden. Einnahmen und Verluste werden mit der genauen Angabe der jeweiligen Summe benannt. So besteht der Höhepunkt der Finanzkraft in 900 000 Mark Courant zur Zeit Johann des Älteren. Bei seinem Tod hinterlässt Johann 795 000 Mark Courant (abgesehen von Grundbesitz und Wert der Firma). Davon gehen z. B. 100 000 Mark Courant an Gotthold ab. “Mark Courant” oder “Courantmark” ist die Währung Lübecks bis 1874. Ein Couranttaler entspricht drei Mark Courant.

Geldangaben als Mittel zur Strukturierung des Verfalls

Von Jean wird berichtet, dass er einige Hunderttausend verdient hat. Dem stehen jedoch hohe Ausgaben entgegen, z. B. 80 000 Mark Courant als Mitgift für die Schwester, der Kauf des Hauses (100 000 Mark Courant), Entschädigung für die Schwester in Frankfurt (25 000). Die Mitgift seiner Frau beträgt 100 000, doch dann erleidet die Firma Missgeschicke: z. B. durch Verlust, durch Konkurs einer anderen Firma (80 000) und durch Kriege.
Doch Jean hinterlässt 750 000 (inkl. der Kröger'schen Erbschaft von 300 000). Thomas nimmt zunächst erfolgreich Kredite für Neuerungen auf. Die Auszahlungen von Tonys zweiter Mitgift, des Erbteils Christians und weiterer Vorschüsse für Christian zehren an den Finanzen. Der Bau des neuen Hauses verschlingt einige Hunderttausend. Ab da nehmen Thomas' geschäftliche Sorgen zu.

Im Preußisch-Österreichischen Krieg 1866 macht die Firma 20 000 Mark Courant Verluste. Die sich nun abzeichnende beginnende Lähmung von Thomas' Geschäftsenergie soll kompensiert werden durch das Spekulationsgeschäft der Pöppenrader Wette, doch die Wette wird verloren, der Verlust beträgt 40 000 Mark Courant. Vom allgemeinen Aufschwung der Gründerzeit profitiert die Firma Buddenbrook nicht. Nach Claras Tod erschleicht sich der Witwer, Pastor Tiburtius, Claras Erbanteil von 127 000 Mark Courant.

Finanzielle Verluste

Thomas hinterlässt bei seinem Tod 650 000, jetzt inklusive Grundbesitz und der großen Mitgift Gerdas.

Nach dem Tod von Thomas werden die Besitztümer ungeschickt verteilt, so dass die Familie erhebliche Verluste hinnehmen muss. Als nach dem Tod von Hanno Gerda mit ihrer Mitgift nach Amsterdam zurückkehrt und der Witwensitz Gerdas verkauft wird, klagt Tony:

> Wäre die Witwe des Senators in der Stadt geblieben, hätte sie sich Platz und Rang in der Gesellschaft gewahrt, und ihr Vermögen am Platze gelassen, so wäre dem Namen der Familie doch ein wenig Prestige erhalten geblieben ... (756).

Prestigeverlust

Doch je mehr die Bilanz der Buddenbrooks Verluste verzeichnet, umso mehr steigert sich der Gewinn des Konkurrenten Hagenström.

Gewinne der Konkurrenz

Haus

Mit der jeweiligen finanziellen Lage verknüpft ist auch die Immobiliensituation der Buddenbrooks. Doch deren Häuser sind nicht nur Immobilien, sondern sie bilden im Gewebe des Romans das zentrale Hauptmotiv. In ihm bündeln sich Themen und einzelne Motive. Thomas Mann selbst hat das Haus, den äußerlich sichtbaren Bezugspunkt aller Familienmitglieder, in den Rang eines zentralen Symbols erhoben. Der Roman beginnt mit der Einweihungsfeier eines Hauses und endet mit einem Treffen von überlebenden Damen aus dem Hause Buddenbrook und der alten Internatsleiterin in einer kleinen Villa, die zum Verkauf steht.

„Haus" als Rahmen des Romans

Im Symbol des Hauses zeigen sich Reichtum, Verbundenheit und der Verfall der Familie wie auch ansatzweise der Aufstieg des Konkurrenten Hagenström. Dies lässt sich z. B. an folgenden Aspekten erkennen:

Symbol intakter bürgerlicher Familie

Hinweis auf zyklische Auffassung von Aufstieg und Fall

- Einweihungsfeier des Hauses in der Mengstraße: Behaglichkeit, Ordnung, kein übertriebener Luxus; Symbol der intakten bürgerlichen Familie, vorausdeutende Hinweise auf Zyklen des Verfalls durch die Geschichte der Vorbesitzer Ratenkamp; Hinweis auf Bedrohung durch Industrialisierung; Zwistigkeiten innerhalb der Familie; die Ablehnung von Gottholds Wunsch, zum „Haus" zu gehören.

Wendepunkt

- Prachtbau in der Fischergrube: reine Repräsentation; von Anfang zu groß; „wenn das Haus fertig ist, so kommt der Tod" (430) mahnt das Sprichwort auf dem Höhepunkt materieller Entfaltung; für Thomas trügerisches Mittel der Neuorganisation seines Lebens; Wendepunkt des Romans.

Verkauf des Elternhauses an den Konkurrenten

- Da nach dem Tod der Konsulin das Elternhaus an der Mengstraße für Thomas nur noch „totes Kapital" (585) bedeutet, wird es verkauft – ausgerechnet an den Konkurrenten Hagenström, der bislang einen Neubau bewohnte. Hagenström baut das Haus nach seinem modernen Geschmack um.

Tony verliert Elternhaus

- Christian zieht in eine „Garçonwohnung" (608); Tony verliert ihr Zuhause, muss mit Tochter und Enkelin in einer Etagenwohnung, „nicht ohne Anspruch auf Vornehmheit" (608), unterkommen.
- Nach dem Tod von Thomas kauft ein alternder Junggeselle das Haus in der Fischergrube.

Verkauf der Häuser

- Ankauf einer neuen kleinen Villa für Gerda, vor dem Burgtore, die sechs Monate nach Hannos Tod wiederum von Makler Gosch verkauft wird.

Christians letzte „Wohnung": Psychiatrie

- Christian zieht zu seiner Ehefrau nach Hamburg und wird in eine psychiatrische Anstalt eingewiesen.

Der symbolische Wert des Hauses zeigt sich z. B. an der Klage Tonys beim Verkauf ihres Elternhauses, des Hauses an der Mengstraße:

> Ich wußte einen Ort, einen sicheren Hafen, sozusagen, wo ich zu Hause und geborgen war, wohin ich mich flüchten konnte, vor allem Ungemach des Lebens ... (585).

„Haus" als Heimat

Zähne

Die Beschreibung des Zustandes der Zähne spiegelt den jeweiligen Grad der Vitalität der Person. Sie hat die Funktion der Kontrastierung der Personen. Damit ist es klar, dass so unterschiedliche Figuren wie Gerda (88, 297) oder Aline Puvogel (405) gesunde Zähne aufweisen. Der nervenkranke Christian bewundert entsprechend die Zähne von Aline. Thomas Buddenbrook besitzt schlechte Zähne (16, 75), die sogar der vermutete Anlass für seinen Tod sind (689). Hanno weist ebenso schlechte Zähne auf und muss oft zum Zahnarzt Dr. Brecht (423, 512, 744). Dieser konnte schon seinem Vater Thomas nicht helfen. Der Zahnarzt wird als inkompetente und zwielichtige Figur dargestellt. Der Verfall der Familie spiegelt sich im zunehmenden desaströsen Zustand des Gebisses.

Grad der Vitalität

Kontrastierung der Personen

Spiel mit dem Zahn-Motiv: Gerücht der Ursache von Thomas' Tod

Für Hanno ist schon das Zahnen lebensbedrohend: „Das Ende schien fast wünschenswert" (423). Die Zahnbeschwerden haben negative Auswirkungen auf den ganzen Körper (Schwierigkeiten beim Kauen, Verdauungsstörungen, Magenschmerzen, Herz- und Kreislaufprobleme). Leiden, körperlicher Verfall und Musik verbinden sich auch im Zahn-Motiv. Einem besonders schmerzhaften Besuch bei Dr. Brecht verdankt Hanno seine erste Opernerfahrung. Er darf als Belohnung die Mutter in eine Vorstellung von Wagners *Lohengrin* begleiten (701).

Hannos Zahnprobleme

Leiden und Musik

Farbmotive: Blau und Gelb

Blau: Signal für Musik, Künstler- und Außenseitertum

Bläuliche Schatten unter den Augen weisen auf künstlerische Sensibilität hin. So werden Gerda (291, 303, 343, 480, 747) und Hanno (396, 423, 461, 484, 546, 588, 620, 627, 662) durch dieses Merkmal charakterisiert. Bei Gerda wird dieses Merkmal oft mit dem der Rätselhaftigkeit ihrer Augen (z. B. 480) kombiniert,
Mit der Farbe „Blau" wird entsprechend Musik, Künstler- und Außenseitertum assoziiert. Die Tatsache, dass sich auch schon bei Thomas Buddenbrook diese Verfeinerung, z. B. in seinem Interesse für Literatur, abzeichnet, zeigt sich bei der Schilderung der empfindsamen Hände mit der Neigung der Fingernägel zur bläulichen Färbung (253) und der Beschreibung der bläulichen Adern an seinen Schläfen (235).

Blau: Verbindung von Musik und Tod

Auch dieses Motiv verbindet Musik und Tod und signalisiert die Gefährdung insbesondere von Thomas und Hanno. Gerda bringt durch ihre Liebe zur Musik den Tod in die Familie, ihr Sohn Hanno stirbt sehr jung.

Gelb: Signal für Gefahr und Tod

Die Farbe Gelb ist oft ein Todessignal. Die Toten wie Leberecht Kröger, die Konsulin Bethsy und Thomas weisen eine gelbliche Gesichtsfarbe auf. Gelb ist ein Vorzeichen kommender Gefahren, so z. B. die Attribute Grünlichs (goldgelber Backenbart, gelber Wagen). Gelb erscheint immer wieder in Vorhängen, so z. B. in Grünlichs Villa, im Landschaftszimmer beim Tod von Thomas. Die Finger der gerade geborenen Clara sind gelb und runzlig. So wird schon deutlich, dass Clara kein langes Leben vergönnt ist.

Hände

Funktion der Kontrastierung

Rote und weiße Hände signalisieren Vitalität

Die kontrastive Darstellung der Hände entspricht derjenigen z. B. der Zähne. Rot sind die Hände der vitalen Figuren wie z. B. die des Fleischers, die des Oberlehrers Dr. Goldener, die des Bankiers Kesselmeyer und die des Speicherarbeiters Grobleben. Weiße Hände besitzen die lebenskräftigen Personen höherer Gesellschaftsschichten wie z.B. Johann der Ältere und Tony, aber auch Grünlich und Permaneder.

Thomas' Hände jedoch sind von „frostiger Blässe" (253) gekennzeichnet. Christian besitzt Hände, die von einem „matten und porösen Weiß" (260) sind und mit Hannos Händen realisiert sich eine Fähigkeit, die bislang in allen Buddenbrooks schlummerte: „Nonen und Dezimen" (501) greifen zu können, also virtuos Klavier spielen zu können, Musik erfahren zu können.

Blasse Hände korrespondieren mit Musik und Künstlertum

Meer

Die Landschaft des Meeres – einzige im Roman dargestellte räumliche Ausweitung außerhalb der Stadt – ist Fluchtort für Tony. Dort erfährt sie ihre einzige Liebe. Auch Hanno empfindet das Meer als Ort der Befreiung von bürgerlichen Zwängen. Vor seinem Tod versucht Thomas, sich in Travemünde von den Anforderungen des bürgerlichen Lebens zu erholen. Eine Intensivierung des Motivs lässt sich in der Wellen-Symbolik anlässlich von Thomas' Schopenhauer-Lektüre erkennen:

Ort der Befreiung von gesellschaftlicher Konvention und individueller Existenz

> Breite Wellen (...) Wie sie daherkommen und zerschellen, daherkommen und zerschellen, eine nach der anderen, endlos, zwecklos, öde und irr (671).

Die Erkenntnis der Ziellosigkeit des blinden Urwillens am Beispiel der Wellenbewegung stellt für Thomas die Befreiung aus dem Gefängnis der individuellen Existenz dar.

Familienpapiere

Das Familienbuch repräsentiert Aufstieg und Fall der Buddenbrooks. Es beinhaltet die Vorgeschichte und wird immer dann erwähnt, wenn es Zäsuren in der Familiengeschichte gibt. So trägt z.B. Tony die Verlobung mit

Die Familienpapiere – was am Ende bleibt

dem ihr verhassten Grünlich ein, bevor sie Grünlich darüber informiert hat. Hannos kindlicher Schlussstrich in der Familienchronik signalisiert den nahen Untergang. Am Ende hat Tony das Elternhaus und das neue Haus ihres Bruders verloren. Aber es bleiben ihr noch die Familienpapiere, die Familienbibel, zu deren wöchentlicher Lesung sich die übrig gebliebenen Damen künftig treffen wollen.

Wirkung des Romans

Welterfolg

Thomas Manns anfängliche Selbstzweifel am Erfolg des Romans haben sich nicht bestätigt. Im Gegenteil – nachdem die einbändige Volksausgabe 1903 auf den Markt kam, schnellten die Verkaufszahlen in die Höhe. 1929 erhielt der Autor den Nobelpreis für diesen Roman. 1936 zählt das Gesamtwerk von Thomas Mann zum „unerwünschten Schrifttum" der Nationalsozialisten. Nach 1945 wird zunächst das Spätwerk entdeckt. Doch die Taschenbuchausgabe und eine äußerst populäre Verfilmung im Jahre 1959 führten zu einer erneuten großen Verbreitung des Romans, der bis heute zur Weltliteratur gehört.

Erste Reaktionen

Kontroverse Reaktionen

- ➞ Unterschiedliche zeitgenössische Rezeption: Lübecker Diskussion als „Schlüsselroman".
- ➞ Thomas Manns Verständnis des Verhältnisses von Fiktion und Realität: Autor stilisiert Elemente der Realität, verarbeitet Realität als Material.
- ➞ Etliche Rezensionen bewerten den Roman negativ, z. B.: übergroße Länge, Sprunghaftigkeit der Handlung.
- ➞ Rezensionen, die Stärken des Romans hervorheben, wie plastische Beschreibungen, große Detailfülle, innere Stimmigkeit der Motive.
- ➞ Versuch der Einordnung des Romans in Naturalismus oder Realismus wird der Komplexität des Werks nicht gerecht.
- ➞ Thomas Mann: Seelengeschichte des europäischen Bürgertums.

Gemischte erste Reaktionen

Die ersten Rezensionen waren gemischt. Negativ bewertet wurde z. B. die Sprunghaftigkeit der Handlung, das Volumen, die als umständlich eingeschätzten Beschreibungen. Als bemerkenswert wurden herausgehoben: die große Detailfülle, die Meisterschaft der Darstellung, die lebendigen Schilderungen nicht idealisierter Figuren,

Buddenbrooks, Volksausgabe

die Stimmigkeit der inneren Motive des Verfalls aus Mangel an Vitalität. Rilke schätzt in seiner Rezension von 1902 die moderne Auffassung des Chronisten und die „vornehme Objektivität" der Darstellung. Als prophetisch erweist sich die Einschätzung des Werks durch Samuel Lublinski im *Berliner Tageblatt* vom 13.09.1902: „Es wird wachsen mit der Zeit und noch von vielen Generationen gelesen werden". (nach: Moulden/von Wilpert (Hg): Buddenbrooks-Handbuch, S. 328).

Fiktion und Realität

Schon bald nach Erscheinen der *Buddenbrooks* kursierten in Lübeck handgeschriebene Listen mit Hunderten von möglichen Entsprechungen der Romanfiguren mit realen Lübecker Bürgern. Diese fanden meist wenig Geschmack an der Darstellung „ihrer" Personen. Zunächst galt diesen Bürgern der Roman als „Verrat an der Heimat" (Thomas Mann: Selbstkommentare, S. 27), wie Thomas Mann später diese erste Rezeption zusammenfasst. Ein Onkel des Autors, Friedrich Mann, hat sich zwölf Jahre nach Erscheinen des Werks öffentlich in einer Anzeige einer Lübecker Zeitung über Rufschädigung beklagt:

Zunächst entsetzte Reaktion etlicher Lübecker Bürger

> Wenn der Verfasser der Buddenbrooks (sic!) in karikierender Weise seine allernächsten Verwandten in Schmutz zieht und deren Lebensschicksale eklatant preisgibt, so wird jeder rechtdenkende Mensch finden, dass dies verwerflich ist (nach Diekhans: Buddenbrooks, S. 31).

Ein Schlüsselroman?

Thomas Mann hat immer wieder betont, wie sehr seine Familie Modell für das Personal der Familie Buddenbrooks stand. Einige Beispiele seien hier exemplarisch genannt.

Modelle der Buddenbrooks

Die Familie Mann besaß eine Firma, ebenfalls einen Getreidehandel wie im Roman. Da der Vater von Thomas und Heinrich Mann ahnte, dass seine beiden ältesten Söhne wenig kaufmännische Neigung, sondern mehr künstlerische Tendenzen besaßen, hat er die Liquidation der Firma nach seinem Tode testamentarisch festgelegt. Auch Örtlichkeiten dienen als Romanvorlage, natürlich die Stadt Lübeck, aber auch das Haus der Manns mitsamt Einrichtung, wie z. B. den Tapeten und kleinen Details wie dem ausgestopften Bären, der eine Schale für Visitenkarten in den Tatzen hält (398). Aber nicht nur die ökonomische Situation, sondern auch einzelne Verwandte und Bekannte werden zum Material, z. B.:

Firma und Haus der Familie Mann

Lübeck

Details

Thomas: In dieser Gestalt verschmelzen Elemente verschiedener realer Personen, z. B. Züge des Vaters von

Vorbilder für: Thomas

Thomas Mann (Konsul, mit jungen Jahren in die Bürgerschaft gewählt, Haltung und Ethos); autobiografische Elemente wie Thomas Manns eigenes Schopenhauer-Erlebnis, eigene Künstlerproblematik).

Gerda

Gerda Arnoldsen: Züge der Mutter von Thomas Mann, Julia da Silva Bruhns (Musikalität, exotische Aura durch Herkunft aus Brasilien).

Tony

Tony: Über die lebhafte Tante Elisabeth hat die Schwester Julia Thomas Mann ausführliche Berichte nach Italien geschickt. Deren Angaben wurden dann zum Teil wörtlich zur Charakterisierung von Tony verwendet.

Hanno

Hanno: In Hanno sind etliche Züge des jungen Thomas Mann erkennbar, z. B. Abscheu vor der Schule, Erholung in Travemünde, Freude am Puppentheater, Liebe zur Musik Richard Wagners.

Christian

Christian: Oben genannter Onkel Friedrich, dessen letzte Station wie bei Christian eine psychiatrische Anstalt war. Er war auch verschuldet, nicht in der Lage, im kaufmännischen Bereich zu arbeiten, und heiratete ebenfalls nicht standesgemäß.

Verarbeitung des vorgefundenen Materials

Diese wenigen hier aufgeführten Beispiele für Einflüsse aus dem realen Leben – die Liste ließe sich auch für etliche Nebenfiguren ergänzen – sollen deutlich machen, auf welcher Grundlage Thomas Mann gearbeitet hat. Doch war das Wissen des Autors über einzelne Personen nur Material, das er verändert und stilisiert hat. Er selbst schreibt ein halbes Jahrhundert nach der Vollendung des Romans:

Stilisierung zum Allgemeingültigen

> Ich hatte persönlich-familiäre Erfahrungen zum Roman stilisiert, mit der Empfindung zwar, daß etwas ´Literarisches`, das heißt Geistiges, das heißt Allgemeingültiges daran sei, aber doch ohne eigentliches Bewußtsein davon, daß ich, indem ich die Auflösung eines Bürgerhauses erzählte, von mehr Auflösung und Endzeit, einer weit größeren kulturell-sozialgeschichtlichen Zäsur gekündet hatte (Thomas Mann: Selbstkommentare, S. 124).

Als der Roman nach der Publikation mit einem damals erfolgreichen aktuellen Schlüsselroman von Fritz Oswald Bilse (1878–1951) verglichen wurde, verfasst Thomas Mann eine Verteidigungsschrift *Bilse und ich* (1906), in der er die Freiheit des Schriftstellers betont, reale Begebenheiten zu verwenden und zu verarbeiten. Doch müsse die Grenze zwischen „Freiheit und Frechheit" gewahrt bleiben.

Freiheit des Schriftstellers

Einordnung in eine literarische Strömung

An die Frage nach dem Verständnis von Fiktionalität knüpft die literaturwissenschaftliche Einordnung des Werks in eine der Richtungen wie Naturalismus oder Realismus an. Thomas Mann selbst hat sich unterschiedlich dazu geäußert.

Äußerungen des Autors

Wie schon im einleitenden Kapitel vermerkt, verwahrt sich Thomas Mann aus der Distanz eines halben Jahrhunderts nach Entstehung der *Buddenbrooks* einer Einordnung seines Werks in eine bestimmte literarische Strömung. Auf die dem *Fin de siècle* verwandten Themen des Werks wurde ebenfalls in der Einleitung schon verwiesen. Zwanzig Jahre nach Erscheinen des Romans betont Thomas Mann mehrfach, dass der Text „der erste und einzige naturalistische Roman großen Stils in Deutschland ist und in Zukunft als solcher gelten wird" (Thomas Mann: Selbstkommentare, S. 60).

Keine eindeutige Zuordnung zu einer literarischen Strömung

Naturalismus

Diese literarische Strömung, aktuell Ende des 19. Jahrhunderts, vertreten u. a. durch Gerhart Hauptmann, will Wirklichkeit schonungslos und ohne poetische Verklärung abbilden. Der Mensch gilt als determiniert, d.h. er ist durch Anlage, Umwelt und Gesellschaft bestimmt. Soziale Probleme gehören zu den bevorzugten Themen. Armut, physische und psychische Deformationen werden für die Zeitgenossen z.T. schockierend dargestellt. Die oft typisierten Figuren sollen authentisch wirken, ihre Äußerungen sind oft in Dialekt gehalten. Als formale Neuerung wird der Sekundenstil eingeführt, die Deckung von Erzählzeit und erzählter Zeit.

Naturalismus: Schonungslose Abbildung sozialer Problematik

Naturalistische Elemente im Roman

Der Roman *Buddenbrooks* weist einige der Aspekte naturalistischer Literatur auf. So können die Exaktheit der Orts- und Personenbeschreibungen, die Montage des Lexikonartikels über Typhus, die vielen Dialoge, die determiniert wirkende Zwangsläufigkeit des Verfalls, die biologische Degeneration als naturalistische Momente angesehen werden.

Verfall nicht eindeutig sozial oder biologisch determiniert

Doch greift dieser Versuch angesichts der Komplexität des Romans zu kurz. Das Personal stammt zwar aus der Oberschicht, der Verfall der Familie ist aber nicht eindeutig sozialer und/oder biologischer Entwicklung geschuldet.

Realismus

Drastische Überzeichnungen weisen über Realismus hinaus

Auch die uneingeschränkte Einordnung in den Realismus ist nach Koopmann nicht sinnvoll. Zwar seien im Roman z.B. zahlreiche Wirklichkeitspartikel durch Montagetechnik enthalten, aber insgesamt zeichne sich das Werk nicht durch Widerspiegelung der Realität aus, sondern gerade durch Auswahl und Überzeichnungen: „überscharf belichtet sind Marotten, Fehler oder Gebrechen einzelner Menschen" (Koopmann, S.64). Man erinnere sich nur an Grünlichs Warze (93). Der Autor wähle aus, um Wirklichkeit zu entlarven. So z.B. bei der Darstellung harter Geschäftspraktiken zeige sich der Realist zugleich auch als Kritiker dieser Realität (S. 66). Er verfüge über eine kritische Genauigkeit, die zu Lebensekel führe, der überdrastisch gezeichnet sei.

Kritische Genauigkeit

***Lübeck als geistige Lebensform* –**
Literarische Einflüsse und europäische Wirkung

Wesentliche Einflüsse

In seinen zahlreichen Äußerungen zu den *Buddenbrooks* weist Thomas Mann immer wieder auf Vorbilder des Romans hin. In der Rede *Lübeck als geistige Lebensform*, die der Autor 1926 zur 700-Jahr-Feier seiner Heimatstadt hält, geht er nicht nur auf Missverständnisse ein, die die Lübecker Bürger bei Erscheinen dem Roman gegenüber gezeigt haben, sondern er nennt auch die literarischen Vorbilder, die ihn damals geprägt haben.

Thomas Mann gibt zu erkennen, dass nicht der große französische Naturalist Emile Zola ihn beeinflusst habe, da er ihn noch gar nicht gekannt habe, sondern wesentlich für ihn waren:

- der französische Roman *Renée Mauperin* der Brüder Goncourt,
- skandinavische Familienromane von Alexander Kielland und Jonas Lie,
- der humoristische Einfluss des niederdeutschen Schriftstellers Fritz Reuter,
- das Werk des russischen Schriftstellers Leo Tolstoi,
- die Romane Theodor Fontanes, die Erzählungen Theodor Storms,
- Wagner, Schopenhauer, Nietzsche.

In seiner Rede legt Thomas Mann dar, dass er sich zum Zeitpunkt der Entstehung des Werks nicht bewusst war, dass er, indem er

Seelengeschichte des europäischen Bürgertums

> ein nach Form und Inhalt sehr deutsches Buch gab, zugleich ein überdeutsch-europäisches Buch, ein Stück Seelengeschichte des europäischen Bürgertums überhaupt gegeben haben könnte (Thomas Mann: Selbstkommentare, S. 70).

Literaturwissenschaftliche Ansätze

Literaturwissenschaftliche Ansätze

- → Mentalitätsgeschichtlich: bürgerlicher Kampf gegen Auflösungserscheinungen der Moderne.
- → Marxistisch: Spiegelung verschiedener Stufen des Kapitalismus.
- → Sozialhistorisch: Verluste der Firma Buddenbrook nicht typisch für das Zeitalter, individuelles Schicksal der Erben der Firma.
- → Psychologisch: typisch bürgerliche Persönlichkeitsstruktur bei Thomas: Depression durch Verdrängung lebendiger Impulse; Roman durch Interesse des späten 19. Jahrhunderts an „Nervenkunde“ und Psychiatrie beeinflusst.
- → Inter- und hypertextuell: Bezüge zu anderen Texten und Mythologien (z. B. Wagners *Der Ring des Nibelungen*).

Von Thomas Manns Einschätzung ausgehend, „ein Stück Seelengeschichte des europäischen Bürgertums“ geschrieben zu haben, lassen sich exemplarisch verschiedene Ansätze der Interpretation darstellen.

Mentalitätsgeschichtliche Perspektive: Seelengeschichte des Bürgertums

Kampf gegen Verfall bürgerlicher Werte

Etliche Autoren wie z.B. Koopmann (1995) betonen den Kampf von Thomas Buddenbrook gegen moderne Auflösungserscheinungen wie „Lässigkeit und Sich-Gehenlassen" (Koopmann, S. 80) und gegen den Verfall „traditioneller Werte des Bürgertums des 18. Jahrhunderts". Thomas wird als Leistungsethiker gesehen, getragen vom Ethos der Pflichterfüllung und vom norddeutschen Protestantismus. Über vier Generationen wird „nichts Geringeres als die Geschichte des deutschen Bürgertums vom 18. Jahrhundert bis gegen Ende des 19. hin beschrieben" (Koopmann, S. 82). Das Maskenhafte des älteren Thomas wird zur Farce, zur Hohlheit des Bürgertums, das der Bruder Heinrich Mann als autoritären Charakter in seinem Roman *Der Untertan* entlarvt.

Verfall der Buddenbrooks als Folge wirtschaftlicher Prozesse – Bürger oder Bourgeois?

Roman als Spiegel der Entwicklung vom ständischen Kapitalismus zum Monopolkapitalismus

Diese Interpretation basiert auf einer Analyse von Georg Lukács, dem einflussreichen ungarischen marxistischen Literaturhistoriker und Philosophen (1885–1971). In seinem Essay zu Thomas Mann sieht er den Roman *Buddenbrooks* als Spiegelung der sozialen und ökonomischen Entwicklung von einem eher ständisch ausgerichteten Kapitalismus mit der Konkurrenz einzelner Firmen hin zum Hoch- und Monopolkapitalismus des späten 19. Jahrhunderts. Hagenströms seien – so Lukács – die Vertreter des modernen Kapitalismus, Thomas Buddenbrook repräsentiere den traditionellen, liberalen Bürger, während Hagenström den Aufsteiger, den nicht an Traditionen gebundenen *bourgeois* darstellt. Insgesamt – so Lukács – stellt das Werk „den humanistischen Protest gegen das Barbarentum der imperialistischen Bourgeoisie" (Georg Lukács: Thomas Mann, S. 143) dar.

Kritik am Kapitalismus

Aufgrund von Lukács' Analyse wird der Roman zunächst in der DDR als Darstellung einer Phase innerhalb der kapitalistischen Entwicklung gesehen. Später wird in der DDR das Werk nicht als Spiegelung eines realen historischen Prozesses des Bürgertums betrachtet, sondern als Ausdruck der Annahme eines biologisch-fatalistischen Kreislaufs mit Elementen einer Kritik am Kapitalismus und am obrigkeitsstaatlichen Denken.

Sozialhistorische Ansätze

Kritik an der rein ökonomischen Betrachtung des Romans

Gegen den Ansatz, den Verfall der Familie rein ökonomisch zu erklären, wenden sich etliche Literaturwissenschaftler. Weder die allgemeine wirtschaftliche Situation nach der Reichsgründung 1871 noch die im Roman dargestellte Situation zur Zeit von Thomas bieten eine ausschließliche Begründung für die wirtschaftliche Stagnation bzw. für die Verluste. Hagenströms werden ja erfolgreich. Industrialisierung, der Ausbau des Deutschen Zollvereins, die Erweiterung des Eisenbahnnetzes sind Faktoren, die im Allgemeinen zu einem Wirtschaftsboom führen – auch wenn im Lübeck der damaligen Zeit noch nicht alle technischen Neuerungen angekommen sind.

Wirtschaftsboom um 1870

Ist das historische Bild in den *Buddenbrooks* authentisch?

Auch wird die Frage diskutiert, inwieweit Thomas Mann in den *Buddenbrooks* ein historisch authentisches Bild von Lübeck zeichnet. Allgemein wird betont, dass zwar topographische Details stimmen, dass aber zeitgeschichtliche Ereignisse und sozialgeschichtliche Entwicklungen zugunsten eines stilisiert älteren Lübeck verändert wurden. Nur kurz werden historische Ereignisse wie z. B. die Revolution von 1848 einbezogen. Dargestellt werden lediglich Auswirkungen der Ereignisse auf die Familie Buddenbrook (z. B. finanzielle Verluste durch Krieg).

Max Weber: protestantische Ethik und Kapitalismus

In den *Buddenbrooks* wird teilweise die Darstellung des Prozesses vorweggenommen, den der Soziologe Max Weber (1884–1920) in seinem Werk *Die protestantische Ethik und der Geist des Kapitalismus* (1905) analysiert hat. Max Weber geht von der These aus, dass die protestantische Religion, insbesondere der Puritanismus und die asketische Lebensführung des Calvinismus, den Kapitalismus in Hinblick auf Leistungsethik und Rationalisierung beeinflusst hat.

Symbol des „ganzen Hauses"

Auch das zentrale Symbol des Hauses lässt sich soziologisch auf die geschichtliche Entwicklung des Begriffs und der Sozialstruktur des „ganzen Hauses" beziehen.

Vogt untersucht, inwiefern der Roman den Prozess der Auflösung des ganzen Hauses (d.h. Haushalt mit Familie aus mehreren Generationen und Dienstboten, häufig auch Produktionsgemeinschaft) hin zur bürgerlichen Kleinfamilie spiegelt. Vogt kommt zu dem Schluss, dass dieser Wandel zwar eine Basis des Romans darstelle, dieser aber eine nicht für diese Zeit typische Familienentwicklung beinhalte.

Innere Motive der Stagnation

Thomas war zu „müde und verdrossen" (610) – jedoch nicht aus Gründen sozialökonomischen Wandels:

> ...und jetzt, in einer Zeit, da Alles sich frisch und siegesfroh regte, da seit dem Eintritt der Stadt in den Zollverband kleine Krämergeschäfte imstande waren, sich binnen weniger Jahre zu angesehenen Großhandlungen zu entwickeln, jetzt ruhte die Firma Johann Buddenbrook, ohne irgendeinen Vorteil aus den Errungenschaften der Zeit zu ziehen ... (610f.).

Depression

Depression und zu kurze Nerven – psychologische Ansätze

Vogt (^{2}1995) zieht den Schluss,

Typus der bürgerlichen Gesellschaft

> ... daß Thomas Buddenbrook in einem soziologischen bzw. sozialgeschichtlichen Sinne nicht repräsentativ ist... Aber (...) er verkörpert vielmehr in seiner Persönlichkeitsstruktur, mit seinen Idealen, Bemühungen und Krisen einen Typus, den bürgerliche Gesellschaften und bürgerliche Familien bis in die Gegenwart nicht selten hervorbringen (Jochen Vogt: Thomas Mann: Buddenbrooks, S. 65).

Vogt setzt diesen Typus in Bezug zu den Analysen der Psychoanalytikerin Alice Miller in ihrem Werk *Das Drama des begabten Kindes*. Die disziplinierte Haltung und das maskenhafte Auftreten unterdrücken alle lebendigen Impulse und führen zur Depression. Thomas kämpft verbissen gegen die eigenen psychischen Anteile, die in der Person des unsoliden Bruders Christian verkörpert sind.

Peter von Matt (1995) interpretiert die Darstellung der Familie als die dem Individuum übergeordnete Instanz und untersucht insbesondere die Beziehung des richtenden Vaters zu seinem Sohn Hanno.

Joachim Radkau (1996) und Manfred Dierks (2002) weisen darauf hin, dass der Roman vor dem Hintergrund der Psychiatrie des späten 19. Jahrhunderts mit der „Entdeckung der Nerven", mit den Hypnose-Erfahrungen Charcots und dem Interesse an psychischer Degeneration und Nervenkrankheiten wie „Neurasthenie" zu verstehen ist. Auf Rezeptionsmechanismen bezogen, d.h. mögliche Mechanismen des identifikatorischen Lesens betrachtend, kann der Erfolg der *Buddenbrooks* auch durch die Faszination an der Darstellung von Leiden gesehen werden – jede Leserin, jeder Leser war ja auch einmal krank. „Blickt der Leser auf Thomas oder Hanno Buddenbrook mit einem Mitleid, das letztlich von der Erfahrung eigener Schwäche bestimmt ist?" (M. Kämper-van den Boogart: Thomas Mann, S. 47).

„Nervenkunde"

In vielen Texten von Thomas Mann wird nach mehr oder weniger verdeckten Chiffren von Homosexualität gesucht. Da der Autor selbst in seinen autobiografischen Schriften von seiner Neigung spricht, Werke wie *Tonio Kröger* oder *Der Tod in Venedig* von homosexuellen Sehnen geprägt sind, wird auch bei den *Buddenbrooks* nach entsprechenden Anspielungen gefragt. In den Blickpunkt wird hier das Verhältnis Hannos zu seinen Freund Kai gerückt. Kai ahnt die erotische Tönung von Hannos Klavierspiel, er küsst dem Sterbenden leidenschaftlich die Hände (758). Auf die Frage nach der homosexuellen Komponente dieses Verhältnisses, antwortet der Autor: „Ich gebe alles Mögliche zu, aber das Verhältnis von Hanno und Kai ist völlig frei davon" (Thomas Mann: Selbstkommentare, S. 133).

Philosophische Perspektive: Zyklische Wiederkehr von Aufstieg und Fall

Ansätze, die den Einfluss Schopenhauers auf den Roman akzentuieren, gehen davon aus, dass nicht die Ökonomie, sondern der unterschiedliche Grad an Lebensenergie, an Vitalität die Familien prägt. So lehnt z.B. Helmut Petricioni die Deutung von Lukács ab. Im Sinne eines zyklischen Geschichtsbildes behauptet er: „Der Gegensatz zu den Hagenströms besteht nur in den Augen der

Ausprägung der Vitalität

Buddenbrooks, im Sinne des Autors lösen die Familien einander ab“ (Helmut Petricioni: Verfall einer Familie, S. 155).

Geschichte als Rad

Oft wird betont, dass gerade Hagenströms rückwärts gewandte Ideale haben und z.B. als ihren Wohnsitz das Haus der Buddenbrooks wählen. „Wenn die Geschichte als Rad vorgestellt werden muß, wie der Roman nahe legt, so hat es nun eine weitere Umdrehung ausgeführt: Hagenströms folgen den Buddenbrooks wie diese den Ratenkamps“ (Jochen Vogt: Thomas Mann: Buddenbrooks, S. 73). Bei dieser Perspektive wird der Einfluss Schopenhauers betont.

Stellung im Gesamtwerk

„Gleichwertigkeit aller Romane“

Meist wird in der Thomas-Mann-Forschung dem Spätwerk des Autors wie z.B. *Dr. Faustus* oder *Der Zauberberg* mehr Beachtung als den ersten Romanen geschenkt. Der Roman wird verdächtig durch den großen Publikumserfolg. Doch Herbert Anton geht von der Gleichwertigkeit aller Romane Manns aus. Auch der Erstling verfüge schon über all die mythologischen und literarischen Bezüge, die Mann in „Komödien des Erzählens“ auflöse (Herbert Anton: Die Romankunst Thomas Manns, S. 14). Gerade dadurch, dass anders als in den späteren Romanen mythologische Bezüge nicht so offensichtlich seien, seien die „Erstlingswerke interpretatorisch besonders anspruchsvoll“ (Joachim Rickes: Die Romankunst des jungen Thomas Mann, S. 13).

Stellenwert aus der Perspektive des Autors

Für Thomas Mann selbst hatte der Erstlingsroman einen besonderen Stellenwert. Im Rückblick auf sein Schaffen schreibt er 1950, „daß alles, was nach ‚Buddenbrooks' kam, Nachspiel und anständiger Zeitvertreib war“ (Thomas Mann: Selbstkommentare, S. 126).

Hypertextualität – Intertextualität

Bezüge zu literarischen und mythologischen Texten

Diese beiden Begriffe beinhalten die Verbindungen eines literarischen Werks zu anderen Werken.
Intertextualität erscheint z.B. als Zitat, als Plagiat und als Anspielung. Hypertextualität bedeutet die komplette Umformung eines Ausgangstextes, z.B. wird dessen The-

ma in einem anderen Stil behandelt (z.B. die Umformung der Homerischen *Odyssee* im *Ulysses* von James Joyce), oder der Stil wird übernommen, aber das Thema verändert.

Mehr als ein Kaufmannsroman

Joachim Rickes wendet sich strikt gegen eine Deutung des Romans als realistischem Kaufmannsroman. An anderer Stelle wurde schon auf die Bezüge des Romans zu Wagners *Ring des Nibelungen* hingewiesen. Einige der Figuren sind auch immer wieder mit Gestalten der griechischen Götterwelt gleichgesetzt worden, z.B. Gerda als Todesgöttin, die jeweils in den Sterbezimmern anwesenden strickenden Frauen als Moiren, als Schicksalsgöttinnen. Rickes versucht im Sinne der Hypertextualität eine Verbindung des Romans zu Goethes *Faust* zu ziehen.

Bürgertum – Künstlertum

Problematisierung des Gegensatzes Künstler-Bürger

Viele weitere Ansätze können hier nicht berücksichtigt werden, wie z.B. derjenige von Eberhard Lämmert, der die von Nietzsche und Thomas Mann entlehnte Perspektive der doppelten Optik von Popularität und höchster literarischer Qualität zur Interpretation nutzt, wie der von Hans Mayer, der betont, dass der oft für das Werk Thomas Manns als typisch genannte Gegensatz von Bürgertum und Künstlertum nicht zutreffe und auch in den *Buddenbrooks* den bürgerlichen Kaufmännern von Beginn an auch ein Künstlertum innewohnt:

> Anfällig sind schon die Eltern von Thomas und Christian oder Tony. Warum sollten, insgeheim, die Mitglieder der Familie Hagenström weniger anfällig sein? Soll man den dilettierenden Schöngeist, den Doktor Moritz Hagenström, als vollgültigen Bürger bezeichnen (...) Nicht bloß der unbürgerliche Hanno Buddenbrook bedeutet Verfall, auch seine scheinbar soliden Gegenspieler haben nichts anderes zu verkünden (Hans Mayer: Thomas Mann, S.42f.).

Diese wenigen hier vorgestellten Ansätze machen deutlich, dass der Erfolg des Romans auch durch die Fülle möglicher interpretatorischer Zugänge bedingt ist.

Bearbeitungen

Familien-Sagas

Ein so reiches Werk wie die *Buddenbrooks* regt nicht nur zur Interpretation an, sondern zur weiteren künstlerischen Gestaltung durch Theaterstücke, Verfilmungen, Comics und Hörbücher. Die Thematik der Auflösung einer Familie innerhalb mehrerer Generationen stellen im 20. Jahrhundert auch Werke anderer Autoren dar, wie z. B. John Galsworthys *Forsyte-Saga* (1906 –1921); Maxim Gorkis *Das Werk der Artamonovs* (1925), Joseph Roths *Radetzkymarsch* (1932); Guiseppe Tomasi de Lampedusas *Der Leopard* und Günter Grass' *Die Blechtrommel* (1959). Doch lässt sich der Einfluss der *Buddenbrooks* auf diese Werke nicht genau klären.

Direkten Bezug haben natürlich Dramatisierungen und Verfilmungen. Der Versuch, den Roman auf die Theaterbühne zu bringen, wurde mehrfach unternommen, so z. B. von Tadeus Pfeufer (1976).

Film

Verfilmungen	
	→ Stummfilm (1923): Reduktion auf geschäftliche Problematik. → Kinoerfolg (1959): unterhaltender Film mit Starbesetzung. → TV-Serie (1978): 11 Folgen, da Absicht einer werkgetreuen Umsetzung. → Kinofilm (2008): Kostümfilm.

Insgesamt viermal ist der Roman verfilmt worden. Um die Verfilmungen kurz zu charakterisieren, sollen jeweils der Beginn des Films, die Umsetzung von Thomas` Reflexionen vor seinem Tode und die Darstellung von Hannos Tod, die im Roman ausgespart und durch den Typhus-Artikel signalisiert ist, betrachtet werden.

1923: Stummfilm

Von der ersten Verfilmung, einem Stummfilm aus dem Jahre 1923 unter der Regie von Gerhard Lamprecht, war

Thomas Mann nicht begeistert. Die Handlung wurde auf das Geschäftliche reduziert und mit einem Happy End versehen. Hanno tritt hier gar nicht in Erscheinung.

1959: frei nach dem Roman von Thomas Mann

Großer Kinoerfolg

Mit den großen Stars des deutschen Kinos der 50er-Jahre wurde der Roman 1959 in zwei Teilen verfilmt. Regie führte Alfred Weidenmann, am Drehbuch hat Erika Mann, eine Tochter des Autors, mitgewirkt. Diese Verfilmung war äußerst erfolgreich. Schauspieler wie Nadja Tiller (Gerda), Hanns Lothar (Christian), Hansjörg Felmy (Thomas), Liselotte Pulver (Tony), eine Starbesetzung auch in den Nebenrollen, dazu eine Reduktion der Handlung durch die Gesetze der Unterhaltung sorgten dafür, dass die beiden Filme zu den Top Ten der Kinofilme 1959/60 gehörten. Der erste Teil beginnt mit der Ankunft Grünlichs, der zweite mit der Geburt Hannos. Die Darstellung der ersten Generation ist ausgespart, die Chronologie ist zum Teil verändert. Etliche Dimensionen des Romans kann diese Verfilmung nicht umsetzen: Ironie, Bezüge zu Schopenhauer und Wagner.

Emotionalisierung

Der Tod von Hanno wird in eine im Film dargestellte Typhus-Epidemie in der Stadt eingebettet. Ein Lehrer kauft einen Kranz, ein junger Kollege sowie Schüler sind bereits verstorben. Der Zuschauer erfährt, dass Hanno schon seit drei Wochen in der Schule fehlt. Dann wird der sterbende Junge gezeigt, gezeigt wird auch, wie sein Freund Kai zu ihm ans Bett tritt. Nachdem Hanno ihn erkannt und Kai ihn berührt hat, stirbt der Kranke. Dies ist ein Beispiel für die Mittel der Emotionalisierung, mit denen dieser Film arbeitet.

1978: Fernsehserie in elf Teilen

Absicht einer werkgetreuen Umsetzung

Unter der Regie von Franz Peter Wirth mit bekannten Schauspielern wie Martin Benrath und Ruth Leuwerik wird die bis dahin aufwändigste Produktion im deutschen Fernsehen gedreht. Da hier eine möglichst werkgetreue Umsetzung beabsichtigt ist, beginnt die erste Folge mit den ersten Sätzen des Romans. Die Dialoge sind wörtlich wiedergegeben, an einigen Stellen übernimmt eine Stimme aus dem *off* die Erzählerfunktion. Politische und wirtschaftliche Ereignisse werden etwas mehr als im Roman akzentuiert. Trotz oder gerade wegen des hohen Anspruchs bleibt die Verfilmung steif, Ironie und Humor werden nicht umgesetzt. Gleichwohl gelingen einige szenische Umsetzungen wie eine lange Einstellung, die nur das Meer zeigt, um den Fatalismus der Wellen und damit Thomas' Stimmung darzustellen. Hanno wird kurz vor seinem Tod als Jugendlicher gezeigt – nicht als Kind wie in den Produktionen von 1959 und 2008. Lange und leere Schulkorridore intensivieren die Einsamkeit Hannos. Dessen Todesszenerie wird eingeleitet durch einen verschwommenen Blick auf Schulsachen, dann liest eine Stimme aus dem *off* den Typhus-Artikel. Gleichzeitig fährt die Kamera zunächst durch leere Schulflure, dann durch verdorrte Bäume. Beim Stichwort „Ruf des Lebens" dringen Sonnenstrahlen durch die Bäume. Die Kamera schwenkt nach unten, es wird deutlich, dass die Bäume zu einem Friedhof gehören. Die Kamerafahrt endet bei dem Familiengrab der Buddenbrooks. Eine Tafel mit Hannos Namen ist bereits angebracht.

Visualisierung des Typhus-Kapitels

2008: Ein Film von Heinrich Breloer

Bei dieser Kinoproduktion – Regie: Heinrich Breloer, der sich mit einer TV-Dokumentation (2001) über die Familie Mann verdient gemacht hat – werden einige Handlungsstränge und die Geschehnisse um die erste Generation ausgespart (Spieldauer: ca. 145 Minuten). Der Film beginnt mit Lübeck im Nebel, Fahrt auf das Holstentor zu, Markt, die übermütigen Kinder Thomas, Tony und Christian werden eingeführt. Über den Roman hinaus werden einzelne neue Elemente eingefügt. So erscheint schon in der Eingangssequenz der junge Hagenström. Zwischen ihm und Tony entspinnt sich – völlig im Gegensatz zum Roman – ein Flirt, der die gesamte Filmhandlung bis zum Schluss begleitet. Für den Film wurden 1650 Kostüme handangefertigt, so dass die Bezeichnung „Kostümfilm" hier angebracht ist. Die Dialoge sind oft modernisiert. Bettszenen, die der Roman verschweigt, werden dargestellt. Orte, die im Roman z. B. nur als in Briefen geschilderte erscheinen, werden nun Handlungsort (Amsterdam, München). Ausgeweitet sind die Handlungen mit Aline Puvogel und Christians Aufenthalt in der Psychiatrie.

Kostümfilm

Tony liest laut ein Schreiben des verstorbenen Bruders, in dem er seine Reflexionen der Schopenhauer-Episode in Kurzform mitteilt.

Darstellung der Reflexionen

Auch bzgl. der Umstände von Hannos Tod weicht der Film vom Roman ab. Neu erfunden ist die Szene vor dem Tod. Hanno befindet sich mit seinem Freund Kai auf einem Boot auf der Trave und liest das gerade erwähnte Schreiben seines Vaters. Kai wirft dieses ins Wasser, Hanno springt ihm nach. Unter Wasser erinnert er sich an das Musizieren mit seiner Mutter. Schnitt – Hanno liegt fiebernd im Bett. Der Arzt diagnostiziert Typhus.

Diese wenigen Angaben sollen genügen, um deutlich zu machen, dass diese Verfilmung einerseits versucht, dem Buch gerecht zu werden, aber etliche neue Elemente hinzufügt, die das zentrale Thema – die Verschränkung von Verfall und Verfeinerung – nicht intensivieren.

Problematik der Verfilmung von Literatur

Die grundsätzliche Problematik der Verfilmung von Literatur kann hier nicht diskutiert werden. Was bedeutet z.B., einem Werk gerecht zu werden? Mit welchen filmischen Techniken können literarische Mittel umgesetzt werden? Was kann mit der Sprache der Literatur, was kann mit der Sprache des Films ausgedrückt werden?

Der Stummfilm aus dem Jahre 1923 hat Thomas Mann nicht abgeschreckt, den Roman erneut verfilmt zu sehen. Zu seinem achtzigsten Geburtstag wünschte er sich eine Koproduktion von Westdeutschland und der DDR, da nach seiner Ansicht die Verfilmung des Romans geeignet sei, eine kulturelle Zusammenarbeit von Ost und West in die Wege zu leiten. Der Plan scheiterte, doch auch hier zeigte sich die Absicht des Autors, wie er sie schon 1906 für seinen Roman formulierte:

> Noch jedes gute Buch, das gegen das Leben geschrieben wird, ist eine Verführung zum Leben... (Thomas Mann: Selbstkommentare, S, 34).

Literaturverzeichnis

Primärtexte:

Mann, Thomas: *Buddenbrooks. Verfall einer Familie* (1901), Fischer Taschenbuchverlag, Frankfurt/Main, 57. Aufl. 2008

Mann, Thomas: *Buddenbrooks. Verfall einer Familie*, hg. und textkritisch durchgesehen v. Heftrich, E. unter Mitarbeit v. Stachorski, S. u. Lehnert, H., Große kommentierte Frankfurter Ausgabe, Bd. 1.1, Fischer, Frankfurt/Main 2002

Mann, Thomas: *Selbstkommentare ‚Buddenbrooks'*, hg. v. Wysling, H. unter Mitwirkung v. Eich-Fischer, M., Fischer, Frankfurt/Main 1990

Nietzsche: *Zur Genealogie der Moral*, in: Kritische Studienausgabe, Bd. 5, hg. v. G. Colli und M. Montinari, München 1988

Nietzsche, Friedrich: *Der Antichrist; Der Fall Wagner* in: Kritische Studienausgabe, Bd. 6, hg. v. G. Colli und M. Montinari, München 1988

Wagner, Richard: *Ausgewählte Schriften*, hg. v. D. Mack, Frankfurt am Main 1974

Zu *Buddenbrooks* (Auswahl):

Bahnsen, Claudia: *Verfall als Folge zunehmender Identitäts- und Existenzunsicherheit*, 2003

Bauer, Martin (Hg.): *Buddenbrooks nach 100 Jahren*, Neue Rundschau, S. Fischer Verlag Frankfurt/Main, 112. Jg. 2001, Heft 3

Brand, Thomas: *Thomas Mann: Buddenbrooks*, Königs Erläuterungen und Materialien Bd. 264, Bange Verlag, Hollfeld 5. Aufl. 2009

Diekhans, Johannes (Hg.): *Unterrichtsmodell: Thomas Manns Buddenbrooks*, erarbeitet von G. Schumacher und D. Scholten, Paderborn 2003

Diercks, Manfred: *Buddenbrooks als europäischer Nervenroman*, in: Thomas-Mann-Jahrbuch Bd. 15, 2002, S. 135–151

Heftrich, E./Stachorski, S.: Kommentar zu *Buddenbrooks*, Große kommentierte Frankfurter Ausgabe, Bd. 1.2, Fischer, 3. Auflage Frankfurt/Main 2002

Kämper-van den Boogart, Michael: *Thomas Mann in der Schule*, Berlin 2001

Koopmann, Helmut: Thomas Mann *Buddenbrooks*, Grundlagen und Gedanken zum Verständnis erzählender Literatur, Frankfurt/Main 1995

Petricioni, Helmut: *Verfall einer Familie und Höllensturz eines Reiches*, in: ders.: *Das Reich des Untergangs. Bemerkungen über ein mythologisches Thema*, Hamburg 1958, S. 151 ff.

Lukács, Georg: *Thomas Mann*, Berlin 1957

Radkau, Joachim: *Neugier der Nerven. Thomas Mann als Interpret des nervösen Zeitalters*, in: Thomas-Mann-Jahrbuch, Bd. 9, 1996, S. 29–54

Rickes, Joachim: *Die Romankunst des jungen Thomas Mann*, Würzburg 2006

Vogt, Jochen: *Thomas Mann: ‚Buddenbrooks'*, UTB 1074, München ^{2}1995

Wenzel, Georg: *Buddenbrooks*, in: Hansen, Volkmar (Hg.): *Thomas Mann – Romane und Erzählungen*, Stuttgart 2005, S. 11–46

Wißkirchen, Hans: *Die Welt der Buddenbrooks*, S. Fischer Verlag, Frankfurt/Main 2008

Zeller, Michael: *Seele und Saldo. Ein texttreuer Gang durch ‚Buddenbrooks`*, in: *Thomas Manns ‚Buddenbrooks' und die Wirkung*, 2. Teil, hg. v. R. Wolff, Bonn 1986, S. 9–42

Zu Aspekten des Gesamtwerks von Thomas Mann:

Anton, Herbert: *Die Romankunst Thomas Manns – Begriffe und hermeneutische Strukturen*, Göttingen 1972

Karthaus, Ulrich: *Literaturwissen Thomas Mann*, Stuttgart 1994

Koopmann, Helmut (Hg.): *Thomas-Mann-Handbuch*, Stuttgart 3. Aufl. 2001

Kurzke, Hermann: *Thomas Mann – Das Leben als Kunstwerk. Eine Biografie*, München 1999

v. Matt, Peter: *Verkommene Söhne, missratene Töchter. Familiendesaster in der Literatur*, München 1995

Mayer, Hans: *Thomas Mann*, Frankfurt/Main 1980

Ridley, Hugh; Vogt, Jochen: *Thomas Mann*, UTB Profile, Paderborn 2009

Prüfungsaufgaben und Lösungen

1. Schule (Hanno) – Textanalyse
2. Blendung und Verblendung (Tony und Grünlich) – Textanalyse
3. Rilke: Gerechtigkeit gegen alles Geschehen – Analyse einer Rezension
4. Die (un)gleichen Brüder – Thomas und Christian – Textanalyse
5. Jubiläum der Firma Buddenbrook: Musik, Hitze und Hagel – Textanalyse, Bezug zu Schopenhauer
6. „Leidenschaftliche Beschäftigung mit der Musik" (Hanno) – Textanalyse, Bezug zu Fin de Siècle
7. Gegenwelten: Ostsee – Textanalyse und Erörterung
8. Familien-Sagas: Beginn des Romans *Die Forsyte Saga* von John Galsworthy – Textvergleich

1 Schule

Textgrundlage

Elfter Teil, Beginn des zweiten Kapitels, S. 721 („Siehe, da kommt der liebe Gott...") – S. 723 („...in der Hannos Onkel Christian sich aufhielt ...").

Aufgabenstellung

1. Analysieren Sie den Auszug aus dem Roman *Buddenbrooks* von Thomas Mann.
2. Stellen Sie unter Berücksichtigung des Romankontextes dar, welche Bedeutung die Schule für Hanno hat.
3. Erläutern Sie die These des Literaturwissenschaftlers Helmut Koopmann: „So dient das Schulkapitel dazu, den Verfall als weit mehr zu begreifen als nur den einer Familie" (In: Koopmann, 1995, S. 86).

Lösung

Zu 1.

- Gliederung: Einbettung der Charakterisierung des Schulsystems und seiner Direktoren in ein Gespräch zwischen Hanno und seinem Freund Kai während ihres Schulbesuchs. Der Ausschnitt ist Teil des so genannten Schulkapitels im elften Teil des Romans.
- Charakterisierung des Direktors Wulicke: äußere groteske Erscheinungsweise (z. B. zu kurze Hosen, Spitzbauch, schmutzige Manschetten), schnell, raumgreifende Gesten, Herrschergestus, zornig. Ehemals Direktor eines preußischen Gymnasiums, Vertreter des neuen Geistes: z. B. Pflicht, Macht, Karriere, beruft sich nicht im Sinne der Aufklärung auf Kant, sondern im Kontext von Autorität und Dienst. Vergleich mit „der Schrecklichkeit des alttestamentarischen Gottes" (722) z. B. in Bezug auf Machtfülle und Unberechenbarkeit.
- Bewertung der Institution der Schule: „Staat im Staate" (722) – Beamtenenklave – sowohl Lehrer als auch Schüler sehen sich als Beamte, streben in Untertanenmanier nach Aufstieg.
- Gegenbild des Direktors ist dessen Vorgänger, der Schulleiter aus Thomas' und Jeans Schulzeit: humaner alter Herr; gestorben kurz nach der Reichsgründung, vertrat die Ideale der klassischen Bildung als Selbstzweck, der Erziehung in Muße und heiterer Atmosphäre.
- Schulgebäude: dessen Zustand spiegelt den Geist der jeweiligen Erziehung. Das alte, unrenovierte Gebäude strahlte im Gegensatz zu dem neuen wohlwollende Atmosphäre aus. Obwohl oder gerade weil hygienisch und ästhe-

tisch auf der Höhe der Zeit erbaut, also höchst effizient, wird aus dem ehemaligen „Institut“ eine „Anstalt“.
- Auktoriale Erzählhaltung, Bewertung des Direktors: „ein furchtbarer Mann“.
- Sprachliche Mittel: Ironie der Gottes- und Gartenmetaphorik; Aufzählung der preußischen Tugenden dient der Intensivierung der aus ihnen resultierenden Schrecken („Autorität, Pflicht...“). Zitat Wulickes: Ironie des Possessivpronomens („unsres Philosophen Kant“). Vergleich Wulickes mit dem Gott des alten Testaments, der in Bezug auf die Haltung der Schüler ironisch übertrieben in der Metaphorik (z.B. „ihn im Staub zu verehren“) weitergeführt wird.
- Mittel der Ironie: Kontrastierung der Bezeichnung „Gott“ mit dem Erscheinungsbild des Direktors.
- Hanno und Kai: Sie grenzen sich durch den Gebrauch nur ihnen bekannter Spottnamen von den Mitschülern ab. Durch ihren ironisch-distanzierten Gestus fühlen sie sich den Mitschülern überlegen (scheinbar höfliche Benennung der Lehrer, Phantasien zu „Lehrkörper“, Konnotationen zu „Anstalt“).

Zu 2.
- Schule als Institution der Verhinderung dessen, was Hanno antreibt: Musik und Künstlertum – schulische Erfahrungen als Gegensatz zur musikalischen Rauscherfahrung.
- Hannos Bezug zur Schule offenbart zugleich Sensibilität und Schwäche. Die Tatsache, dass er sich nicht durchsetzen kann, zeigt seine Unfähigkeit zu starker Opposition bzw. zur oberflächlichen Anpassung an das System, wie es einem Teil der Mitschüler gelingt.
- Hannos Distanz zur Schule und dessen Scheitern in der „Anstalt“ als Element der zentralen Verfallsthematik des Romans – letzte Ausprägung der schwindenden Lebensenergie und Lebenstüchtigkeit der Familie, gepaart mit gesteigerter Sensibilität.

Zu 3.
- Koopmann: Durch Darstellung der Schule schildert der Roman den Verfall nicht nur einer einzelnen Familie, sondern den Niedergang des Bürgertums.
- Textauszug enthält Kritik nicht nur an einzelner Schule, sondern an Schulsystem und Staat mit der Pervertierung und Hohlheit preußischer Ideale. Zu Hannos Zeit vermittelt Schule sinnlose, unzusammenhängende Fakten und Untertanengeist. Die Veränderung von humanistischer Schule zur Drillanstalt lässt sich auch als ein Symbol des Verfalls des Bürgertums sehen.
- Schulkritik in den *Buddenbrooks* als Teil der Schulkritik um 1900 (z.B. Nietzsche, Hesse, Musil).

2 Blendung und Verblendung

Textgrundlage

Vierter Teil, fünftes Kapitel, S.196 – 200

Aufgabenstellung

1. Ordnen Sie das Gespräch zwischen Tony Buddenbrook und Bendix Grünlich in den Kontext des Romans ein.
2. Stellen Sie in inhaltlicher und sprachlich-stilistischer Hinsicht dar, wie Tony und Grünlich hier charakterisiert werden.

Lösung

Zu 1.

Der Roman *Buddenbrooks* von Thomas Mann erzählt von vier Generationen der Familie Buddenbrook im Zeitraum von 1835 bis 1877. Der Untertitel „Verfall einer Familie" deutet an, dass die männlichen Mitglieder jeder Generation zunehmend an Lebenskraft und Geschäftserfolg verlieren. Dieser Verlust geht jedoch einher mit einer zunehmenden Sensibilität für Kunst und Musik. Tony, zur dritten Generation der Buddenbrooks gehörend, heiratet 1846 aus Gründen der Familientradition den ihr wegen seines aufgesetzten Wesens verhassten Geschäftsmann Bendix Grünlich. Sie verzichtet deshalb auf die Liebe zu dem nicht standesgemäßen Morten Schwarzkopf.

In dem vorliegenden Kapitel verdichten sich anlässlich des Gesprächs beim Frühstück mit Grünlich in der Villa weitab vom Zentrum Hamburgs ihre Befürchtungen, die sie schon bei der ersten Begegnung mit ihm hatte. Nun ist sie seit vier Jahren verheiratet, das gemeinsame Töchterchen Erika ist drei Jahre alt. Grünlich lehnt ihre Bitte, ein Kindermädchen einzustellen, mit der Begründung ab, dass sie ihn ruiniere. Tonys Vorahnungen über „schlechte Geschäfte" trügen sie nicht. Grünlich wird im folgenden Kapitel als Hochstapler entlarvt, der nun bankrott ist. Als Tonys Vater Jean entdeckt, dass Grünlich gezielt um Tony geworben hat, um seine Chancen auf dem Kreditmarkt zu erhöhen, und ihm gefälschte Bilanzen vorgelegt hat, damit er Tony heiraten kann, willigt er in die Scheidung ein. Auch Tonys zweite Ehe scheitert, da ihr Gatte Permaneder sich mit ihrer Mitgift zur Ruhe setzen möchte und dies nicht ihren Prinzipien entspricht. Tony überlebt mit ihrer Tochter Erika, deren Vater Grünlich ist, die männliche Linie der Buddenbrooks.

Zu 2.

Die Szenerie kontrastiert scheinbar die Kälte der Außenwelt mit der Wärme und dem vornehmen Ambiente der beschriebenen Zimmer (Damast, fast durchsichtiges Porzellan), unterstrichen durch die Bezeichnung „Pensée-Zimmer“.

Grünlich reagiert auf Tonys Wunsch nach einem Kindermädchen mit dem Vorwurf, nicht kinderlieb zu sein und ihn mit ihrem Hang zum Luxus zu ruinieren. Auch wolle er auf ihr Erbe nach dem Tod ihres Vaters warten. Damit entlarvt sich sein heuchlerisches Gehabe. Er will Tony nur als Mittel zum Zweck der Konsolidierung seiner Finanzen benutzen.

Tonys Unsicherheit zeigt sich durch ihre Gestik. Sie klagt Grünlich an (Unzufriedenheit wegen Belastung durch Hausarbeit, wegen Isolation), und wertet ihn ab („du machst dich ja lächerlich“). Sie zweifelt die Liebe Grünlichs an, bezieht sich auf ihr solides und vornehmes Elternhaus und die von ihr eingebrachte Mitgift. Ihre düstere Vorahnung erhärtet sich angesichts Grünlichs Mienenspiels, dessen überlegenen und wehmütigen Lächelns und dessen Schweigens. Als sie entsprechende Fragen an ihn richtet, klopft es. Im nächsten Kapitel wird der Bankrott Grünlichs offenbar.

In formaler Hinsicht lassen zahlreiche Adjektive (z.B. Neologismen wie „schneedunstig“, Komposita, etliche Farbadjektive) die Szenerie plastisch werden. Die agierenden Personen passen durch ihren Habitus in die Vornehmheit der Umgebung (Kleidung, Grünlichs Vorliebe für englisches Frühstück, Tonys Hang zu Schlafröcken, Übereinstimmung der Morgentoilette mit der Farbe der Tapete).

Beide Personen werden durch im ganzen Roman sich wiederholende, leitmotivisch eingesetzte Beiworte charakterisiert (bei Tony: kecker Ausdruck mit der „etwas hervorstehenden Oberlippe“, feine Hände der Buddenbrooks). Neben Grünlichs rosigem Gesicht werden der Backenbart, die Favoris, erwähnt. Damit allein wird schon das Verhältnis Tonys zu Grünlich in Erinnerung gerufen: Ihre Abneigung gegen ihren Ehemann wird noch verstärkt durch ihren Ekel angesichts seiner Frühstücksgewohnheiten. Ihr Verdacht wird durch ihre Fragekette deutlich. Grünlich antwortete „durchaus“ – so der ironische Erzählerkommentar – nicht. Grünlich reagiert auf ihren langen Redeanteil nur mit einem kurzen Satz: „Du ruinierst mich.“ Die das Kapitel abschließende Metapher des Trommelwirbels kündet eine wichtige Neuerung (Bankrotterklärung) an.

3 Rilke: Gerechtigkeit gegen alles Geschehen

Textgrundlage

Rainer Maria Rilke: Auszug aus der Rezension: „Thomas Manns Buddenbrooks“ (1902), in: ders.: Sämtliche Werke, Bd. 5, Frankfurt/Main: Insel 1965, S. 577f.

Thomas Mann hat es als ungerecht empfunden, in einem Schlußkapitel die Katastrophe zusammenzudrängen, an welcher eigentlich Generationen arbeiten, und er hat, gewissenhaft, dort begonnen, wo der höchste Glücksstand der Familie erreicht ist. Er weiß, daß hinter diesem Höhepunkt notwendig der Abstieg beginnen muß, erst in kaum merkbarer Senkung, dann immer jäher und jäher und schließlich senkrecht abfallend ins Nichts.

(...) Man hat Zeit, man muß Zeit haben für die ruhige und natürliche Folge dieser Begebenheiten; gerade weil nichts in dem Buche für den Leser da zu sein scheint, weil nirgends, über die Ereignisse hinweg, ein überlegener Schriftsteller sich zu dem überlegenen Leser neigt, um ihn zu überreden und mitzureißen, – ganz als ob man in irgend einem Geheimfach alte Familienpapiere und Briefe gefunden hätte, in denen man sich langsam nach vorn liest, bis an den Rand der eigenen Erinnerungen.

Thomas Mann fühlte ganz richtig, daß er, um die Geschichte der Buddenbrooks zu erzählen, Chronist werden müsse, das heißt ruhiger und unerregter Berichterstatter der Begebenheiten, und daß es sich trotzdem darum handeln würde, Dichter zu sein, und viele Gestalten mit überzeugendem Leben, mit Wärme und Wesenheit zu erfüllen. Er hat beides in überaus glücklicher Weise vereint, indem er die Rolle des Chronisten modern aufgefasst hat und sich bemüht hat, nicht einige hervorragende Daten zu verzeichnen, sondern alles scheinbar Unwichtige und Geringe, tausend Einzelheiten und Details gewissenhaft anzuführen, weil schließlich alles Tatsächliche seinen Wert hat und ein winziges Stück von jenem Leben ist, das zu schildern er sich vorgenommen. Und auf diese Weise, durch diese herzliche Versenkung in die einzelnen Vorgänge, durch die große Gerechtigkeit gegen alles Geschehen erreicht er eine Lebendigkeit der Darstellung, die nicht so sehr im Stoffe, als vielmehr im fortwährenden Stofflichwerden aller Dinge liegt.

Aufgabenstellung

1. Legen Sie dar, wie Rilke den Roman *Buddenbrooks* bewertet.
2. Erläutern Sie die Aussage Rilkes, dass an der Schlusskatastrophe „eigentlich Generationen“ gearbeitet haben.
3. Nehmen Sie Stellung zu der Bewertung Rilkes: „durch die große Gerechtigkeit gegen alles Geschehen erreicht er eine Lebendigkeit der Darstellung“.

Lösung

Zu 1.
Rilkes positive Wertung des Romanaufbaus: Linie des Abfalls vom Höhepunkt an, bescheidene Rolle des Autors bzw. des Erzählers, der die Geschehnisse nicht von einer überlegenen Sicht aus darstellt. Der Leser hat so das Gefühl, selbst die Familiengeschichte zu erforschen, und die Möglichkeit, eigene Erinnerungen aufkommen zu lassen. Weitere Aspekte der Wertschätzung Rilkes: Thomas Manns Kombination von Chronist und Dichter. Der Dichter lässt die Romanfiguren plastisch erscheinen. Der ruhige Stil des Chronisten beinhaltet die Darstellung aller, auch der scheinbar nebensächlichen Details. Damit verzichtet der Autor auf eine Wertung, alle Geschehnisse sind gleichwertig. Die Lebendigkeit der Darstellung ist nicht durch den Stoff bzw. die Thematik bedingt, sondern durch die Darstellung aller Einzelheiten. Die Formulierungen „herzliche Versenkung" und „große Gerechtigkeit gegen alles Geschehen" lassen Rilkes positive Wertung dieser Schreibweise erkennen.

Zu 2.
Erläuterung der Einschätzung Rilkes: Konstruktionsprinzip des Romans des sich steigernden Verfalls von der wirtschaftlichen Blüte der Familie und dem aufklärerischen Optimismus von Johann dem Älteren über die Frömmigkeit von Johann dem Jüngeren (Jean) und der Fehleinschätzung des Schwiegersohns Grünlich über Thomas, der zunächst versucht, durch Haltung seine Zweifel zu disziplinieren und dessen Todessehnsucht durch das Schopenhauer-Erlebnis verstärkt wird, bis hin zu dem jungen Hanno, der nach seinen ersten musikalischen Rauscherfahrungen durch Wagner mit sechzehn Jahren an Typhus stirbt. An diesem Tod, so Rilke, seien die vorhergehenden Generationen beteiligt, Hannos Tod sei kein Zufall, sondern zu Beginn des Romans angelegt. Dies wird z. B. an dem jeweiligen Alter, in dem die männlichen Vertreter sterben, deutlich: Johann der Ältere (76 Jahre), Johann der Jüngere (zwischen 50 und 60), Thomas (49 Jahre), Hanno (16 Jahre).

Zu 3.
Als Rilkes Bewertung zustimmende Aspekte lassen sich anführen: Auf diese Weise sehr umfangreiche anschauliche Beschreibungen der Vielzahl der agierenden Personen und plastische Darstellungen von Räumlichkeiten und von Atmosphären, die insgesamt jedoch keine isolierten Schilderungen sind, sondern der Charakterisierung und der vertieften Darstellung der Thematik dienen, z. B. durch leitmotivische Wiederholung. Ein Hinweis auf die Nobelpreisvergabe für diesen Roman stützt die Einschätzung der literarischen Qualität. Eine die Bewertung Rilkes ablehnende Position lässt sich durch einen Hinweis auf frühe Rezensionen stützen, die eine durch die Beschreibungen erzeugte Langatmigkeit des Romans beklagten.

4 Die (un)gleichen Brüder – Thomas und Christian

Textgrundlage

Fünfter Teil, Ende des dritten Kapitels, S.264f.

Aufgabenstellung

1. Ordnen Sie den Textauszug in den Kontext des Romans ein.
2. Stellen Sie dar, wie Thomas seinen Bruder Christian charakterisiert.
3. Erläutern Sie, inwiefern in dieser Charakterisierung Thomas' Haltung sich und seinem Bruder gegenüber deutlich wird. Berücksichtigen Sie auch den Gesamtzusammenhang des Romans.

Lösung

Zu 1.

Der Roman *Buddenbrooks* von Thomas Mann erzählt von vier Generationen der Familie Buddenbrook im Zeitraum von 1835 bis 1877. Der Untertitel „Verfall einer Familie" deutet an, dass die männlichen Mitglieder jeder Generation zunehmend an Lebenskraft und Geschäftserfolg verlieren. Dieser Verlust geht einher mit einer zunehmenden Sensibilität für Kunst und Musik. Im vorliegenden Textauszug geht es um ein Gespräch der Buddenbrooks der dritten Generation zwischen den Geschwistern Tony und Thomas über ihren Bruder Christian. Deren Vater Jean ist inzwischen verstorben. Thomas hat die Leitung der Firma übernommen. Die Unterschiedlichkeit beider Brüder zeigt sich schon in ihrer Kindheit und Schulzeit, die zu Beginn des Romans dargestellt sind. Von Anfang an wird Thomas als der ernstere, strebsamere, verantwortungsvollere der beiden Brüder gezeichnet. Christian hat keine Neigung zum Kaufmannsleben. Versuche, ihn in London und in Chile ans Geschäftsleben zu gewöhnen, haben bislang nichts gefruchtet. Nach achtjähriger Abwesenheit von seiner Heimatstadt kehrt Christian wieder zurück. Das in diesem Textauszug dargestellte Gespräch zwischen Tony und Thomas findet statt, nachdem Christian sich zu Hause exaltiert und nervös gezeigt hat und seine Schwärmerei für die Schauspielkunst erneut deutlich geworden ist. Nach diesem Gespräch erfolgt Christians wenig erfolgreicher Einstieg in die väterliche Firma. Weitere Versuche in Hamburg, im Geschäftsleben Fuß zu fassen, scheitern. Nach dem Tod der Mutter heiratet er gegen den Widerstand von Thomas die „Lebedame" Aline Puvogel, die ihn ausnützt. Christian überlebt seinen Bruder und Hanno. Auf das Betreiben von Aline wird er in eine psychiatrische Anstalt eingewiesen.

Zu 2.

Tony schildert zunächst ihr Befremden gegenüber dem Verhalten von Christian. Sie formuliert auch die sprachliche Schwierigkeit, grundsätzlich die Probleme Christians zu benennen. Thomas führt umfangreich Tonys Eindruck der Fremdartigkeit Christians aus und nennt folgende Charaktereigenschaften:

- häufige Indiskretion, aber bei Taktlosigkeiten anderer Personen keine Möglichkeit, die Fassung zu bewahren,
- Fehlen eines inneren Gleichgewichts,
- keine Selbstdisziplin, wird mit Fieber-Phantasierenden verglichen,
- Drang zur Analyse seiner selbst, auch zur Analyse kleinster Details, Zwang zur schamlosen Mitteilung seiner Befindlichkeiten,
- übertriebene, aufgesetzte Liebe zum Theater.

Zu 3.

- Deutliche Wortwahl der Ablehnung der Eigentümlichkeiten des Bruders, z. B.: „in das unangenehmste Ausplaudern“, „wahre Manie“, „Ringen nach etwas Seltsamen“,
- Eingeständnis von Thomas, auch zur ängstlichen Selbstanalyse zu neigen und negative Konsequenzen erfahren zu haben, z. B. Untüchtigkeit, Haltlosigkeit,
- Aufführen der eigenen Abwehrmaßnahmen: Haltung, Leistung, Integrieren in die Familientradition,
- Thomas' Akzeptanz der Selbstbeobachtung bei Dichtern, die ihre Empfindungen zur Bereicherung anderer Menschen äußern,
- Bezug zum Roman: Variation eines der Grundthemen (Haltung und Leistungsethos vs. Disziplinlosigkeit und Nervosität; Bürgertum vs. Künstlertum); zwei Streitgespräche der Brüder; Christian als die Schattenseite, als Gefährdung für Thomas, der am Ende seines Lebens zunehmend Aspekte von Christian übernimmt, z. B. Rollenspiel des Kaufmanns, Todessehnsucht.

5 Jubiläum der Firma Buddenbrook

Textgrundlage

Achter Teil, Ende des fünften Kapitels, S. 490-494 (ab „Plötzlich wird drunten...")

Aufgabenstellung

1. Analysieren Sie den Auszug aus dem Roman *Buddenbrooks*.
2. Erschließen Sie den möglichen Einfluss der Philosophie Schopenhauers. Berücksichtigen Sie dabei den gesamten Roman.

Lösung

Zu 1.
Einordnung in den Kontext: Die Firma Buddenbrook unter Leitung des Senators Thomas, der zur dritten Generation der im Roman dargestellten Familie gehört, feiert im Juli 1868 das hundertjährige Jubiläum. Zahlreiche Gratulanten aus allen Schichten erscheinen am Vormittag. Danach werden etliche Gäste im Salon empfangen.

Inhalt: In der Mittagshitze erklingt im Haus der Buddenbrooks zu Ehren der Firma die Kapelle des Stadttheaters unter Leitung von Konsul Döhlmann. Thomas kann innerlich nicht feiern – die lärmende Musik ekelt ihn an, die Feier selbst erscheint ihm nur als lächerlich. Gegen Ende der musikalischen Darbietung erhält Thomas ein Telegramm, das ihm die Fehlspekulation mit der Pöppenrader Ernte „auf dem Halm" anzeigt. Dadurch fällt von Thomas eine große Anspannung weg. Doch als die Musik wieder einsetzt, überkommt ihn erneut der Widerwillen vor ihrem Lärm.

Deutung der Haltung von Thomas: Thomas ist im Zustand der Depression. Die Anzeichen von innerem Unbeteiligtsein und von Schwäche mehren sich, z. B. Blick ins Leere, Leiden an drückender Mittagshitze, Gram durch das Versagen des kleinen Hanno beim Gedichtvortrag und über die Wahrnehmung der Peinlichkeit der Veranstaltung; aber auch Rührung durch Erinnerung an Vergangenheit; scheinbarer Gegensatz von körperlicher und verbaler Reaktion nach der Lektüre des durch einen grotesk dargestellten Lehrling gebrachten Telegramms. Thomas scheint froh über den finanziellen Verlust durch die Pöppenrader Wette zu sein, was die wiederholte Formel „Es ist gut so" mitsamt der Bekräftigung „Es ist ganz gut so!" zeigt. Körperlich zeigt sich diese Befreiung darin, dass er sich nun nicht mehr Haltung aufzwingt, sondern dass er den Kopf niederlegt, die Augen schließt, die Verkrampfungen sich auflösen.

Zu 2.
Bezug zu Schopenhauer: Thomas' Sehnsucht nach Ruhe und Aufgabe der Selbstdisziplin lässt sich im Kontext des Romans verstehen als Station im Prozess des „Verfalls der Familie", als Abkehr vom Leistungswillen, von der Arbeitsmaxime der Vorfahren und von der Geschäftswelt. Thomas muss sich immer mehr zwingen, Haltung zu bewahren, er spielt immer mehr nur noch die Rolle eines Kaufmanns und eines Senators. Die Steigerung seiner Todessehnsucht wird durch die Lektüre Schopenhauers (sieben Jahre nach dem Firmenjubiläum) begleitet. Die Bejahung einer Stufe hin zum wirtschaftlichen Niedergang lässt sich als Vorstufe von Thomas' Todesbejahung sehen. Durch die Lektüre Schopenhauers wird Thomas deutlich, dass der Tod als Befreiung des Einzelnen zu sehen sei. Die Sehnsucht von Thomas nach Auflösung seiner Individualität und nach Verschmelzung mit dem großen Willen und dem Lebensprinzip zeigt sich auch hier: „Es ist gut so." Die Verfallsthematik ist auch von Schopenhauers Pessimismus und von dessen zyklischer Geschichtsauffassung (im Roman Aufstieg und Fall der Familien der Ratenkamps, Buddenbrooks und Hagenströms) beeinflusst. Die Tatsache, dass die Wette im wahrsten Sinn des Wortes verhagelt ist, dass also die Zerstörung weiteren ökonomischen Gewinns (auch) durch die Natur, also im Sinne Schopenhauers durch die Kraft des blinden Willens, bedingt ist und Thomas dies bejaht, dies als Erlösung sieht, lässt sich als Beispiel für den Einfluss Schopenhauers sehen.

Darstellung der Musik: Für Schopenhauer ist die Kunst – und insbesondere die Musik – eine Möglichkeit, den Urwillen zu gestalten. Doch die Musik dieser Kapelle ist für Thomas ein Spiegel des elenden Daseins, in dem er sich gefangen fühlt. Die Wortwahl zur Beschreibung der Musik unterstreicht dies: z. B. Aufzählungen negativ konnotierter Verben (stampfen, schlürfen), abwertende Adjektive, die die niedere Sphäre dieser Musik kennzeichnen (z. B. albern, aufdringlich, naiv, die Bezeichnung „Schallmassen" für Musik, die groteske Beschreibung des Leiters der Kapelle). Das Leitmotiv der gelben Zähne erscheint in diesem Kontext – wie so oft – als Signal von Zerstörung.

Erzählstrukturen, z. B.: ironischer Kommentar des auktorialen Erzählers („Ein hübscher Einfall"); Vorzeichen des Unglücks: Wolken, doppelter Bezug des Hagels, Anspielung auf „Pöppenrader Wette": Schwüle und Hagel in Analogie zur Anspannung und zur Erlösung von Thomas.

6 „Leidenschaftliche Beschäftigung mit der Musik"

Textgrundlage

Achter Teil, siebtes Kapitel, S. 512 oben – S. 515 oben („...war die ganze Antwort.")

Aufgabenstellung

1. Erarbeiten Sie die in diesem Auszug dargestellte Befindlichkeit Hannos im Zusammenhang mit dessen Zahnproblemen.
2. Erläutern Sie Hannos „leidenschaftliche Beschäftigung mit Musik" (S. 512) im Kontext des Romans.
3. Ordnen Sie die Figur des Hanno in Tendenzen der literarischen Strömung des Fin de Siècle ein.

Lösung

Zu 1.

Hanno als letzter männlicher Spross der Familie wird im Roman mehrfach als „kleiner Verfallsprinz" bezeichnet. In diesem Textauszug zeigt sich seine sowohl in physischer als auch in psychischer Hinsicht schwache Konstitution, unter anderem ausgelöst durch seine Zahnprobleme, z. B.:

- Tödliche Gefahr durch das erste Zahnen.
- Negative Auswirkungen der Zahnbeschwerden auf den ganzen Körper (Schwierigkeiten beim Kauen, Verdauungsstörungen, Magenschmerzen, Herz- und Kreislaufprobleme).
- Psychische Begleiterscheinungen der Zahnprobleme wie Depressionen und nächtliche Angstzustände; Altklugheit und Schärfung der Wahrnehmung.
- Die zweiten, falsch gewachsenen Zähne verstärken die Schmerzen, die Backenzähne müssen gezogen werden, Hanno muss danach acht Tage im Bett ruhen.
- Auch der Zahnarzt mit dem sprechenden Namen Dr. Brecht ist eine groteske Erscheinung und keine Hilfe, er erleidet ebenso Qualen wie seine Patienten. Hanno fühlt sich bei ihm wie kurz vor einer Hinrichtung – was Minderung des Leidens sein sollte, wird für ihn zur Todesqual. Die Unheimlichkeit der Zahnarztpraxis übt einen Reiz auf Hanno aus – hier zeigt sich vielleicht auch die Todessehnsucht Hannos. Hannos Phantasie, seine künstlerische Neigung werden durch den Papagei angeregt.
- „Zahn" als Leitmotiv im Roman: Spiegel des jeweiligen Grads der Vitalität einer Person. Hannos Mutter Gerda weist gesunde weiße Zähne auf. Hanno hat von ihr nur die äußere Schönheit der Zähne geerbt, aber nicht deren

Stärke. Der Vater Thomas besitzt schlechte Zähne, die sogar der vermutete Anlass für seinen Tod sind. Der Zahnarzt Dr. Brecht konnte auch Thomas nicht helfen. Der Verfall der Familie spiegelt sich im zunehmenden schlechten Zustand des Gebisses.

Zu 2.
Im Motiv des Zahnes verbinden sich die Themen Leiden und Musik. Hanno darf die Mutter als Belohnung für einen überstandenen Besuch beim Zahnarzt erstmalig in die Oper, in eine Vorstellung von Wagners *Lohengrin*, begleiten. Der Vater möchte Hannos Neigung zur Musik am liebsten unterbinden, denn er befürchtet durch deren Einfluss eine Aufweichung der von ihm für Hanno gewünschten Disziplin und kaufmännischen Ausrichtung. Für Hanno bedeutet Musik:
- Frühe Entwicklung der Liebe zur Kunst, d.h. zu Theater, Oper, Musik (Weihnachtsgeschenk: Puppentheater).
- Musik als Gegengewicht zur Schule.
- Von allen Buddenbrooks erfährt er die größte künstlerische Befriedigung, Einfluss der Mutter Gerda, Erregung und Rauscherfahrung durch Wagners Musik, ein „Kultus dieses Nichts“: Einfluss Schopenhauers.
- Trotz anfänglicher Kompositionsversuche ist er nicht fähig, einen produktiv künstlerischen Lebensweg einzuschlagen, er ist auch nicht fähig, vor einem Publikum aufzutreten.
- Stellenwert der Musik im Kontext des Romans: Art der Musik spiegelt den Verfalls- und gleichzeitigen Sensibilisierungsprozess der Generationen: vom dekorativen und harmonischen Flötenspiel Johann des Älteren bis hin zum Absolutheitsanspruch der Musik Wagners für Hanno.

Zu 3.
Hanno ist nicht nur künstlerisch begabt und von schwacher Konstitution, sondern er ist auch der Auffassung, dass er der letzte Spross seiner Familie ist. Hier zeigen sich bereits Elemente des Fin de Siècle wie z. B.
- Außenseiterposition des Künstlers,
- Krankheit und „Nervenschwäche“ als Basis von Sensibilität und Künstlertum; Hindernis für sonstige Aktivitäten wie z. B. politische,
- Verfall, Morbides und Untergangsstimmung als Thema der Kunst der Dekadenz um 1900.

7 Gegenwelten: Ostsee

Textgrundlage

Dritter Teil, sechstes Kapitel, S. 123 unten („Es war kurz nach halb 10 Uhr...") – S. 127 oben („...mich hinunter begleiten?").

Aufgabenstellung

1. Analysieren Sie den vorliegenden Textauszug aus dem Roman *Buddenbrooks*, indem Sie die Figuren und Motive herausarbeiten, die ein Gegengewicht zur Verfallsthematik des Romans darstellen.
2. Erörtern Sie unter Einbezug des Romans, inwieweit die Ostsee einen Gegenort zur Welt der Buddenbrooks symbolisiert.

Lösung

Zu 1.

Situation: Tony befindet sich in der Familie des Lotsenkommandanten Schwarzkopf in Travemünde. Diese Erholungsreise hatte ihr Vater Jean angeordnet, weil Tony nicht mit der von den Eltern gewünschten Heirat mit Bendix Grünlich einverstanden ist. Hier gelangt sie in eine Gegenwelt zu dem Lebensstil der Buddenbrooks und sie verliebt sich in Morten, in den Sohn der Familie. Von den teilweise den Buddenbrook'schen Konventionen entgegengesetzten Werten sind geprägt:

- Herzliche und ungezwungene, nicht nur konventionelle Beziehungen in der Familie; unkomplizierte Gespräche bei Tisch.
- Eine Atmosphäre, die offenes Nachfragen erlaubt und Tony Gelegenheit zu Erforschung des Alltags und zur Welterkundung gibt. Hier können sich ihre Vitalität und Lebensfreude entfalten.
- Mortens aufkeimende Liebe und Schüchternheit als Gegenpol zum aufgesetzten und betrügerischen Wesen von Grünlich.
- Die politische Einstellung von Morten, die sich z. B. in der Ablehnung der Zeitung, die im Hause Buddenbrook gelesen wird, äußert, ebenso in dessen Kritik am Adel.
- Mortens Schwimmen in der Ostsee als Gegensatz zu dem Verhalten im urbanen und patrizischen Milieu; als Gegensatz auch zu den zunehmenden Verfallssymptomen der Buddenbrooks.
- Morten studiert Medizin, befasst sich also mit der Heilung von Krankheiten, während die männlichen Vertreter der Buddenbrooks immer schwächer werden und früher sterben.

Zu 2.

Etliche Aspekte sprechen für eine Deutung der Ostsee bzw. des Ortes Travemünde als einem Ort der Freiheit von Konventionen, z.B.:

- Die einzige Liebesbegegnung Tonys geschieht an der See.
- Auch der der Kräftigung bedürftige Thomas fährt kurz vor seinem Tod an die See. Angeregt durch das Schopenhauer-Erlebnis sieht er im Gleichmut der Wellen die Kraft des blinden Willens. Die Wellenbewegung ist zwecklos, endlos, die Wellen kommen und zerstören sich. Diese Einsicht in den ewigen Kreislauf, in das zyklische Geschehen, so auch in den Aufstieg und Fall der Familien Ratenkamp, Buddenbrook und Hagenström, entlastet Thomas.
- Tony besucht immer wieder Travemünde, so z.B. auch als sich ihr Bruder dort das letzte Mal aufhält, 22 Jahre nach ihrer Begegnung mit Morten. Jedes Mal gerät sie dort in eine glückliche und freiheitsliebende Stimmung, auch noch Jahrzehnte später – der Ort weckt in ihr die kurze Erfahrung der Möglichkeit eines anderen Lebens, eines Lebens außerhalb der Buddenbrook'schen Familientradition.
- Der kränkliche Hanno verbringt vier Wochen zu seiner Regeneration an der See. Er genießt diese glücklichste Zeit seines Lebens. Die Landschaft kommt seinem träumerischen Wesen entgegen, ihr offener Horizont lädt ihn zum Phantasieren ein. Er liebt die Ruhe des Ortes, die stille See, den einsamen Strand, die leichte Ordnung des Kurbetriebs. Der Ort ist für ihn ein Gegenpol zur verhassten Schule. Sein Vater erhofft sich von diesem Aufenthalt ein Erstarken des Sohnes in seinem Sinne, aber der Effekt des Erholungsaufenthalts an der See ist das Gegenteil des von dem Vater Erwünschten. Der stete Anblick des Meeres hat Hanno noch mehr sensibilisiert.

Aber der Badeort Travemünde, nicht weit von der Stadt der Buddenbrooks gelegen, ist auch eine Stätte von Konventionen, z.B.

- als Ausflugsort der Oberschicht Bühne der Eitelkeiten und der gesellschaftlichen Kontrolle.
- Morten bleibt außerhalb der Oberschicht, sitzt „auf den Steinen".

8 Familien-Sagas

Textgrundlage

John Galsworthy: *Die Forsyte Saga*, 1. Buch: Der reiche Mann, Gütersloh o.J., übersetzt v. Luise Wolf, S. 9f. (Beginn des Romans), 1. Buch zuerst erschienen: 1904

Wer je das Privileg hatte, einem Familienfest der Forsytes beizuwohnen, hat den bezaubernden und lehrreichen Anblick einer Familie des gehobenen Mittelstandes in vollem Glanz genossen. Und wenn einer dieser Glücklichen die Gabe psychologischer Analyse besitzt (ein Talent ohne finanziellen Wert und daher etwas, was alle Forsytes entsprechend ignorieren), so hat er ein Schauspiel gesehen, das nicht nur anscheinend köstlich ist, sondern auch ein unergründliches menschliches Problem illustriert. In einfacheren Worten, er hat in einem Zusammentreffen dieser Familie – in der kein Zweig den andern mochte, in der nicht einmal unter dreien ihrer Mitglieder das Gefühl, das der Bezeichnung Sympathie wert war, bestand – Beweise dieser unverständlichen, greifbaren Zusammengehörigkeit gefunden, die eine Familie zu einer so bedeutenden Einheit in der Gesellschaft, zu einem so getreuen Abbild der Gesellschaft im kleinen werden läßt. Es wurde ihm ein kurzer Blick auf die dunklen Wege gesellschaftlichen Fortschritts gewährt, er hat etwas über das patriarchalische Leben gelernt, über das Ausschwärmen wilder Horden, über Aufstieg und Untergang der Nationen. Er ist wie einer, der das Wachsen eines Baumes vom Anfang an beobachtet hat – ein Musterbeispiel für Zähigkeit, Einsamkeit und Erfolg mitten im Sterben von Hunderten von Pflanzen, die weniger kräftig, markig und ausdauernd waren – und diesen Baum eines Tages im vollen, satten Laub stehen sieht, in fast abstoßender Üppigkeit, auf dem Höhepunkt seiner Blüte.

Am 15. Juni 1886 um vier Uhr nachmittags hätte ein zufälliger Beobachter im Haus des alten Jolyon Forsyte in Stanhope Gate die Forsytes in ihrer höchsten Blüte sehen können.

Der Anlaß dieses Empfangs war die Verlobung von Miss June Forsyte, der Enkelin des alten Jolyon, mit Mr. Philip Bosinney. Die ganze Familie war in der Pracht ihrer hellen Handschuhe, lohfarbenen Westen, ihrer Federn und Abendkleider angetreten – sogar Tante Ann, die jetzt nur mehr selten ihre Ecke im grünen Salon ihres Bruders Timothy verließ, wo sie, unter dem Schutz eines gefärbten Stammes Pampasgras in einer hellblauen Vase, saß und den ganzen Tag las und strickte, umgeben von den Bildern dreier Generationen von Forsytes – sogar Tante Ann war da; mit ihrem ungebeugten Rücken und der Würde ihres ruhigen alten Gesichts ein Bild des starren Festhaltens am Zusammengehörigkeitsgefühl der Familie.

Wenn ein Forsyte sich verlobte, heiratete oder geboren wurde, waren die Forsytes anwesend; wenn ein Forsyte starb – aber noch war kein Forsyte gestorben; sie starben nicht; der Tod lief ihren Prinzipien zuwider, sie trafen Vorkehrungen dagegen, die instinktiven Vorkehrungen höchst lebensvoller Menschen, die keine Eingriffe in ihr Eigentum duldeten.

Aufgabenstellung

1. Analysieren Sie den Beginn der *Forsyte Saga* von John Galsworthy.
2. Vergleichen Sie einzelne Aspekte, wie sie zu Beginn des Romans *Die Forsyte Saga* anklingen, mit Elementen inhaltlicher und formaler Gestaltung des Romans *Buddenbrooks* von Thomas Mann.

Lösung

Zu 1.

- Charakterisierung einer Familie des gehobenen Mittelstands anlässlich einer Familienfeier im Jahre 1886. Großes Zusammengehörigkeitsgefühl trotz fehlender positiver Bindungen zwischen den einzelnen Familienmitgliedern; ökonomische Orientierung der Familie, in ihrer höchsten Blüte stehend, symbolisiert durch deren prunkvolle Kleidung.
- Forsytes als Spiegel von Familie im Allgemeinen und von Gesellschaft: deutlich werden patriarchalische Traditionen, Aufstieg und Fall von Staaten, die Wildheit von Massen und die „dunklen Wege gesellschaftlichen Fortschritts“, d.h. z.B. die Abgründe, die auch Motor des Fortschritts sein können.
- Tante Ann hält drei Generationen starr zusammen.
- Vergleich der Familie der Forsytes mit dem Wachsen eines starken Baumes bis zum Höhepunkt seiner Blüte.
- Erzähler nimmt die Rolle eines distanzierten Zuschauers ein, sieht das Familienfest als Theater. Ironische Kommentierung des auktorialen Erzählers (z.B. Kommentar in Klammern, Ironisierung der Einstellung zum Tode), Abwertung der Familie, der menschlichen und staatlichen Kondition.

Zu 2.

Gemeinsamkeiten, z.B.:

- Die Familien, die in beiden Romanen dargestellt werden, stammen aus gehobenem Milieu – oberer Mittelstand – Patriziertum, jeweils spielen mehrere Generationen eine Rolle, jeweils ist von Aufstieg und Fall der Familie die Rede; Familienfest jeweils zu Romanbeginn – in den *Buddenbrooks* Einweihungsfeier des neuen Hauses,
- weibliche Figuren als Stützen des Zusammenhalts (Tante Ann – Tony),
- Rolle des auktorialen Erzählers,
- Theater auch als Motiv in den *Buddenbrooks*: Christian, Hanno,
- Präzise Beschreibung von Details; exakte Zeitangaben,

Unterschiede, z.B.:

- Lebenskraft und Todesleugnung bei den Forsytes – zunehmender Verfall und Todessehnsucht bei den männlichen Buddenbrooks,
- Im Auszug der *Forsyte Saga* Tonfall des Erzählers sarkastischer, kritischer als in dem Roman *Buddenbrooks*.

Stichwortverzeichnis